El Enseñó Amor

Lecciones del Gran Maestro

Elena G. de White

PUBLICACIONES INTERAMERICANAS
División Hispana de la Pacific Press® publishing Association
P. O. Box 5353, Nampa, Idaho 83653, EE. UU. de N. A.

Título de este libro en inglés:
He Taught Love

Diseño artístico: Review and Herald Publishing Association
Tapa y todas las ilustraciones (excepto pág. 68) por John Steel
  © Pacific Press® Publishing Association
Ilustración pág. 68 por Harry Anderson
  © Review and Herald Publishing Association

Editado e impreso por
PUBLICACIONES INTERAMERICANAS
División Hispana de la Pacific Press® Publishing Association
P. O. Box 5353, Nampa, ID 83653, EE. UU. de N. A.

ISBN 0-8163-9937-9

CONTENIDO

LA ENSEÑANZA MAS EFICAZ

En la enseñanza de Cristo mediante parábolas, se nota el mismo principio que el que lo impulsó en su misión al mundo. A fin de que llegáramos a conocer su divino carácter y su vida, Cristo tomó nuestra naturaleza y vivió entre nosotros. La Divinidad se reveló en la humanidad; la gloria invisible en la visible forma humana. Los hombres podían aprender de lo desconocido mediante lo conocido; las cosas celestiales eran reveladas por medio de las terrenales; Dios se manifestó en la semejanza de los hombres. Tal ocurría en las enseñanzas de Cristo: lo desconocido era ilustrado por lo conocido; las verdades divinas, por las cosas terrenas con las cuales la gente se hallaba más familiarizada.

La Escritura dice: "Todo esto habló Jesús por parábolas;... para que se cumpliese lo dicho por el profeta, cuando dijo: Abriré en parábolas mi boca; declararé cosas escondidas desde la fundación del mundo".[1] Las cosas naturales eran el vehículo de las espirituales; las cosas de la naturaleza y la experiencia de la vida de sus oyentes eran relacionadas con las verdades de la Palabra escrita. Guiando así del reino natural al espiritual, las parábolas de Cristo son eslabones en la cadena de la verdad que une al hombre con Dios, la tierra con el cielo.

En su enseñanza basada en la naturaleza, Cristo hablaba de las cosas que sus propias manos habían creado y que tenían cualidades y poderes que él mismo les había impartido. En su perfección original, todas las cosas creadas eran una expresión del pensamiento de Dios. Para Adán y Eva en su hogar edénico, la naturaleza estaba llena del conocimiento de Dios, repleta de instrucción divina. La sabiduría hablaba a los ojos, y era recibida en el corazón; pues ellos se ponían en comunión con Dios por medio de sus obras creadas. Tan pronto como la santa pareja transgredió la ley del Altísimo, el fulgor del rostro divino se apartó de la faz de la naturaleza. La tierra se halla actualmente desfigurada y profanada por el pecado. Sin embargo, aun en su estado de marchitez, permanece mucho de lo que es hermoso. Las lecciones objetivas de Dios no se han borrado; correctamente entendida, la naturaleza habla de su Creador.

En los días de Cristo se habían perdido de vista estas lecciones. Los hombres casi habían dejado de discernir a Dios en sus obras. La pecaminosidad de la humanidad había echado una mortaja sobre la radiante faz de la creación; y en vez de manifestar a Dios, sus obras llegaron a ser un obstáculo que lo ocultaba. Los hombres honraron y sirvieron "a las criaturas antes que al Creador". Así los paganos "se envanecieron en sus razonamientos, y su necio corazón fue entenebrecido".[2] De esta suerte, en Israel, las enseñanzas de los hombres habían sido colocadas en lugar de las de Dios. No solamente las cosas de la naturaleza, sino el ritual de los sacrificios y las mismas Escrituras —todos dados para revelar a Dios—, fueron tan pervertidos que llegaron a ser los medios para ocultarlo.

Cristo trató de ocultar aquello que oscurecía la verdad. Vino a descorrer el velo que el pecado había echado sobre la faz de la naturaleza, a fin de que reflejase la gloria espiritual, y todas las cosas habían sido creadas para mostrar esa gloria. Sus palabras presentaban a través de un nuevo aspecto las enseñanzas de la naturaleza, así como las de la Biblia, y las convertían en una nueva revelación.

Jesús arrancó un hermoso lirio y lo colocó en manos de los niños y los jóvenes; y al observar ellos el propio rostro juvenil del Salvador, radiante con la luz del sol de la faz de su Padre, expresó la lección: "Considerad los lirios del campo, cómo crecen [con la simplicidad de la belleza natural]: no trabajan ni hilan; pero os digo, que ni aun Salomón con toda su gloria se vistió así como uno de ellos".

Entonces siguió la dulce seguridad y la importante lección: "Y si la hierba del campo que hoy es, y mañana se echa en el horno, Dios la viste así, ¿no hará mucho más a vosotros, hombres de poca fe?"[3]

En el Sermón de la Montaña estas palabras fueron habladas a otros, además de los niños y los jóvenes. Fueron dirigidas a la multitud, en la cual se hallaban hombres y mujeres llenos de congojas y perplejidades, apenados por las desilusiones y el dolor. Jesús continuó: "No os afanéis, pues, diciendo: ¿Qué comeremos, o qué beberemos, o qué vestiremos? Porque los gentiles buscan todas estas cosas; pero vuestro Padre celestial sabe que tenéis necesidad de todas estas cosas". Entonces, extendiendo sus manos hacia la multitud que lo rodeaba, dijo: "Mas buscad primeramente el reino de Dios y su justicia, y todas estas cosas os serán añadidas".[4]

Así interpretó Cristo el mensaje que él mismo había puesto en los lirios y la hierba del campo. El desea que lo leamos en cada lirio y en cada brizna de hierba. Sus palabras se hallan llenas de seguridad, y tienden a afianzar la confianza en Dios.

Tan amplia era la visión que Cristo tenía de la verdad, tan vasta su enseñanza, que cada aspecto de la naturaleza era empleado en ilustrar la verdad. Las escenas sobre las cuales la vista reposaba diariamente, se hallaban relacionadas con alguna verdad espiritual, de manera que la naturaleza se hallaba vestida con las parábolas del Maestro.

En la primera parte de su ministerio, Cristo había hablado a la gente en palabras tan claras, que todos sus oyentes podían haber entendido las verdades que los hubieran hecho sabios para la salvación. Pero en muchos corazones la verdad no había echado raíces y había sido prestamente arrancada. "Por eso les habló por parábolas: porque viendo no ven, y oyendo no oyen, ni entienden... Porque el corazón de este pueblo se ha engrosado, y con los oídos oyen pesadamente, y han cerrado sus ojos".[5]

Jesús quiso incitar el espíritu de investigación. Trató de despertar a los descuidados, e imprimir la verdad en el corazón. La enseñanza en parábolas era popular, y suscitaba el respeto y la atención, no solamente de los judíos, sino de la gente de otras nacionalidades. No podía él haber empleado un método de instrucción más eficaz. Si sus oyentes hubieran anhelado un conocimiento de las cosas divinas habrían podido entender sus palabras; porque él siempre estaba dispuesto a explicarlas a los investigadores sinceros.

Otra vez, Cristo tenía verdades para presentar que la gente no estaba preparada para aceptar, ni aun para entender. Por esta razón también él les enseñó en parábolas. Relacionando sus enseñanzas con las escenas de la vida, la experiencia o la naturaleza, cultivaba su atención e impresionaba sus corazones. Más tarde, cuando ellos miraban los objetos que ilustraban sus lecciones, recordaban las palabras del divino Maestro. Para las mentes abiertas al Espíritu Santo, el significado de la enseñanza del Salvador se revelaba más y más. Los misterios se aclaraban, y aquello que había sido difícil de entender se tornaba evidente.

Jesús buscaba un camino hacia cada corazón. Usando una variedad de ilustraciones, no solamente presentaba la verdad en sus diferentes fases, sino que hablaba al corazón de los distintos oidores. Suscitaba su atención mediante figuras sacadas de las cosas que los rodeaban en la vida diaria. Nadie que escuchara al Salvador podía sentirse descuidado u olvidado. El más humilde, el más pecador,

oía en sus enseñanzas una voz que le hablaba con simpatía y ternura.

Además tenía él otra razón para enseñar en parábolas. Entre las multitudes que se reunían a su alrededor había sacerdotes y rabinos, escribas y ancianos, herodianos y príncipes, hombres amantes del mundo, fanáticos, ambiciosos, que deseaban, sobre todas las cosas, encontrar alguna acusación contra él. Sus espías seguían sus pasos día tras día, para hallar alguna palabra de sus labios que pudiera causar su condena y acallar para siempre a Aquel que parecía arrastrar el mundo tras sí. El Salvador entendía el carácter de esos hombres, y presentaba la verdad de tal manera que ellos no pudieran hallar nada en virtud de lo cual presentar su caso ante el sanedrín. En parábolas reprochaba la hipocresía y las obras malvadas de aquellos que ocupaban altas posiciones, y revestía de lenguaje figurado verdades tan cortantes que, si se las hubiera presentado en forma de denuncia directa, ellos no habrían escuchado sus palabras y bien pronto hubieran puesto fin a su ministerio. Pero mientras eludía a los espías, hacía la verdad tan clara que el error era puesto de manifiesto, y los hombres de corazón sincero aprovechaban sus lecciones. La sabiduría divina, la gracia infinita, eran aclaradas por los objetos de la creación de Dios. Por medio de la naturaleza y los incidentes de la vida, los hombres eran enseñados acerca de Dios. "Las cosas invisibles de él, su eterno poder y deidad, se hacen claramente visibles desde la creación del mundo, siendo entendidas por medio de las cosas hechas".[6]

En la enseñanza en parábolas usada por el Salvador se halla una indicación de lo que constituye la verdadera "educación superior". Cristo podría haber abierto ante los hombres las más profundas verdades de la ciencia. Podría haber descubierto misterios cuya penetración habría requerido muchos siglos de fatiga y estudio. Podría haber hecho insinuaciones en los ramos científicos que habrían proporcionado alimento para el pensamiento y estímulo para la inventiva hasta el fin de los tiempos. Pero no lo hizo. No dijo nada para satisfacer la curiosidad o para gratificar las ambiciones de los hombres abriéndoles las puertas a las grandezas mundanas. En toda su enseñanza, Cristo puso la mente del hombre en contacto con la Mente infinita. No indujo a sus oyentes a estudiar las teorías de los hombres acerca de Dios, su Palabra o sus obras. Les enseñó a contemplarlo tal como se manifestaba en sus obras, en su Palabra y por sus providencias.

Cristo no trató de teorías abstractas, sino de aquello que es esencial para el desarrollo del carácter, aquello que aumenta la capacidad del hombre para conocer a Dios y amplía su eficiencia para lo bueno. Habló a los hombres de aquellas verdades que tienen que ver con la conducta de la vida y que abarcan la eternidad.

Fue Cristo el que dirigió la educación de Israel. Con respecto a los mandamientos y ordenanzas del Señor él dijo: "Las repetirás a tus hijos, y hablarás de ellas estando en tu casa, y andando por el camino, y al acostarte, y cuando te levantes. Y las atarás como una señal en tu mano, y estarán como frontales entre tus ojos; y las escribirás en los postes de tu casa, y en tus puertas".[7] En su propia enseñanza, Jesús mostró cómo había de cumplirse este mandamiento, cómo pueden presentarse las leyes y principios del reino de Dios para revelar su belleza y preciosura. Cuando el Señor estaba preparando a los hijos de Israel para que fueran sus representantes especiales, les dio hogares situados entre las colinas y los valles. En su vida en el hogar y en el servicio religioso se ponían constantemente en contacto con la naturaleza y con la Palabra de Dios. Así también Cristo enseñaba a sus discípulos junto al lago, sobre la ladera de la montaña, en los campos y arboledas, donde pudieran mirar las cosas de la naturaleza con las cuales ilustraba sus enseñanzas. Y mientras aprendían de Cristo, usaban sus conocimientos cooperando con él en su obra.

De esta suerte, mediante la creación hemos de familiarizarnos con el Creador. El libro de la naturaleza es un gran libro de texto, que debemos usar conjuntamente con las Escrituras para enseñar a los demás acerca del carácter de Dios y para guiar a las ovejas perdidas de vuelta al redil del Señor. Mientras se estudian las obras de Dios, el Espíritu Santo imparte convicción a la mente. No se trata de la convicción que producen los razonamientos lógicos; y a menos que la mente haya llegado a estar demasiado oscurecida para conocer a Dios, la vista demasiado anublada para verlo, el oído demasiado embotado para oír su voz, se percibe un significado más profundo, y las sublimes verdades espirituales de la Palabra escrita quedan impresas en el corazón.

En estas lecciones que se obtienen directamente de la naturaleza hay una sencillez y una pureza que las hace del más elevado valor. Todos necesitan las enseñanzas que se han de sacar de esta fuente. Por sí misma, la hermosura de la naturaleza lleva al alma lejos del pecado y de las atracciones mundanas y la guía hacia la pureza, la paz y Dios. Demasiado a menudo las mentes de los estudiantes están ocupadas por las teorías y especulaciones humanas, falsamente llamadas ciencia y filosofía. Necesitan ponerse en íntimo contacto con la naturaleza. Aprendan ellos que la creación y el cristianismo tienen un solo Dios. Sean enseñados a ver la armonía de lo natural con lo espiritual. Conviértase todo lo que ven sus ojos y tocan sus manos en una edificación del carácter. Así las facultades mentales serán fortalecidas, desarrollado el carácter, y ennoblecida la vida toda.

El propósito que Cristo tenía al enseñar por parábolas estaba en relación directa con el propósito del sábado. Dios dio a los hombres el recordativo de su poder creador, a fin de que lo vieran en las obras de sus manos. El sábado nos invita a contemplar la gloria del Creador en sus obras creadas. Y a causa de que Jesús quería que lo hiciéramos, relacionó sus preciosas lecciones con la hermosura de las cosas naturales. En el santo día de descanso, más que en todos los demás días, debemos estudiar los mensajes que Dios nos ha escrito en su naturaleza. Debemos estudiar las parábolas del Salvador allí donde las pronunciara, en los prados y arboledas, bajo el cielo abierto, entre la hierba y las flores. Cuando nos acercamos íntimamente al corazón de la naturaleza, Cristo hace que su presencia sea real para nosotros, y habla a nuestros corazones de su paz y amor.

Y Cristo ha vinculado su enseñanza, no sólo con el día de descanso, sino con la semana de trabajo. Tiene sabiduría para aquel que dirige el arado y siembra la simiente. En la arada y en la siembra, el cultivo y la cosecha, nos enseña a ver una ilustración de su obra de gracia en el corazón. Así, en cada ramo de trabajo útil y en toda asociación de la vida, él desea que encontremos una lección de verdad divina. Entonces nuestro trabajo diario no absorberá más nuestra atención ni nos inducirá a olvidar a Dios; nos recordará continuamente a nuestro Creador y Redentor. El pensamiento de Dios correrá cual un hilo de oro a través de todas nuestras simples preocupaciones y labores. Para nosotros la gloria de su rostro descansará nuevamente sobre la faz de la naturaleza. Estaremos aprendiendo de continuo nuevas lecciones de verdades celestiales, y creciendo a la imagen de su pureza. Así seremos "enseñados por Jehová"; y cualquiera sea la suerte que nos toque permaneceremos con Dios.[8]

1. S. Mateo 13:34-35.
2. Romanos 1:25, 21.
3. S. Mateo 6:28-30.
4. S. Mateo 6:31-33.
5. S. Mateo 13:13-15.
6. Romanos 1:20.
7. Deuteronomio 6:7-9.
8. Isaías 54:13; 1 Corintios 7:24.

Basado en S. Mateo 13:1-9, 18-23; S. Marcos 4:1-20; S. Lucas 8:4-15.

LA SIEMBRA DE LA VERDAD

Por medio de la parábola del sembrador, Cristo ilustra las cosas del reino de los cielos, y la obra que el gran Labrador hace por su pueblo. A semejanza de uno que siembra en el campo, él vino a esparcir los granos celestiales de la verdad. Y su misma enseñanza en parábolas era la simiente con la cual fueron sembradas las más preciosas verdades de su gracia. A causa de su simplicidad, la parábola del sembrador no ha sido valorada como lo merece. De la semilla natural echada en el terreno, Cristo desea guiar nuestras mentes a la semilla del Evangelio, cuya siembra produce el retorno de los hombres a su lealtad a Dios. Aquel que dio la parábola de la semillita es el Soberano del cielo, y las mismas leyes que gobiernan la siembra de la semilla terrenal, rigen la siembra de la simiente de verdad.

Junto al mar de Galilea se había reunido una multitud para ver y oír a Jesús, una muchedumbre ávida y expectante. Allí estaban los enfermos sobre sus esteras, esperando presentar su caso ante él.

Era el derecho de Cristo conferido por Dios, curar los dolores de una raza pecadora, y ahora reprendía la enfermedad y difundía a su alrededor vida, salud y paz.

Como la multitud seguía aumentando, la gente estrechó a Jesús hasta que no había más lugar para recibirlos. Entonces, hablando brevemente a los hombres que estaban en sus barcos de pesca, subió a bordo de la embarcación que lo estaba esperando para conducirlo al otro lado del lago, y pidiendo a sus discípulos que alejaran el barco un poco de la costa, habló a la multitud que se hallaba en la orilla.

Junto al lago se divisaba la hermosa llanura de Genesaret, más allá se levantaban las colinas, y sobre las laderas y la llanura, tanto los sembradores como los segadores se hallaban ocupados, unos echando la semilla y otros recogiendo los primeros granos. Mirando la escena, Cristo dijo:

"He aquí, el sembrador salió a sembrar. Y mientras sembraba, parte de la semilla

10

cayó junto al camino; y vinieron las aves y la comieron. Parte cayó en pedregales, donde no había mucha tierra; y brotó pronto, porque no tenía profundidad de tierra; pero salido el sol, se quemó; y porque no tenía raíz, se secó. Y parte cayó entre espinos; y los espinos crecieron, y la ahogaron. Pero parte cayó en buena tierra, y dio fruto, cuál a ciento, cuál a sesenta, y cuál a treinta por uno".

La misión de Cristo no fue entendida por la gente de su tiempo. La forma de su venida no era la que ellos esperaban. El Señor Jesús era el fundamento de todo el sistema judaico. Su imponente ritual era divinamente ordenado. Su propósito era enseñar a la gente que al tiempo prefijado vendría Aquel a quien señalaban esas ceremonias. Pero los judíos habían exaltado las formas y las ceremonias, y habían perdido de vista su objeto. Las tradiciones, las máximas y los estatutos de los hombres ocultaron de su vista las lecciones que Dios se proponía transmitirles. Esas máximas y tradiciones llegaron a ser un obstáculo para la comprensión y práctica de la religión verdadera. Y cuando vino la Realidad, en la persona de Cristo, no reconocieron en él el cumplimiento de todos sus símbolos, la sustancia de todas sus sombras. Rechazaron a Cristo, el ser a quien representaban sus ceremonias, y se aferraron a sus mismos símbolos e inútiles ceremonias. El Hijo de Dios había venido, pero ellos continuaban pidiendo una señal. Al mensaje: "Arrepentíos, porque el reino de los cielos se ha acercado",[1] contestaron exigiendo un milagro. El Evangelio de Cristo era un tropezadero para ellos porque demandaban señales en vez de un Salvador. Esperaban que el Mesías probase sus aseveraciones con poderosos actos de conquista, para establecer su imperio sobre las ruinas de los imperios terrenales. Cristo contestó a esta expectativa con la parábola del sembrador. No por la fuerza de las armas, no por violentas interposiciones había de prevalecer el reino de Dios, sino por la implantación de un nuevo principio en el corazón de los hombres.

"El que siembra la buena semilla es el Hijo del Hombre".[2] Cristo había venido, no como rey, sino como sembrador; no para derrocar imperios, sino para esparcir semillas; no para señalar a sus seguidores triunfos terrenales y grandeza nacional, sino una cosecha que debe ser recogida después de pacientes trabajos y en medio de pérdidas y desengaños.

Los fariseos percibieron el significado de la parábola de Cristo; pero para ellos su lección era ingrata. Aparentaron no entenderla. Esto hizo que, a ojos de la multitud, un misterio todavía mayor envolviera el propósito del nuevo maestro, cuyas palabras habían conmovido tan extrañamente su corazón y chasqueado tan amargamente sus ambiciones. Los mismos discípulos no habían entendido la parábola, pero su interés se despertó. Vinieron a Jesús en privado y le pidieron una explicación.

Este era el deseo que Cristo quería despertar, a fin de poder darles instrucción más definida. Les explicó la parábola y de esa misma forma aclarará su Palabra a todo aquel que lo busque con sinceridad de corazón. Aquellos que estudian la Palabra de Dios con corazones abiertos a la iluminación del Espíritu Santo, no permanecerán en las tinieblas en cuanto a su significado. "EL que quiera hacer la voluntad de Dios —dijo Cristo—, conocerá si la doctrina es de Dios, o si yo hablo por mi propia cuenta".[3] Todos los que acuden a Cristo en busca de un conocimiento más claro de la verdad, lo recibirán. El desplegará ante ellos los misterios del reino de los cielos, y estos misterios serán entendidos por el corazón que anhela conocer la verdad. Una luz celestial brillará en el templo del alma, la cual se revelará a los demás cual brillante fulgor de una lámpara en un camino oscuro.

"El sembrador salió a sembrar".[4] En el Oriente, el estado de las cosas era tan inseguro, y había tan grande peligro de violencia, que la gente vivía principalmente en ciudades amuralladas, y los labradores salían diariamente a desempeñar sus tareas fuera de los muros. Así Cristo, el Sembrador celestial, salió a sembrar. Dejó su hogar de seguridad y paz, dejó la gloria que él tenía con el Padre antes que el mundo fuese, dejó su puesto en el trono del universo. Salió como uno que sufre, como hombre tentado; salió solo, para sembrar con lágrimas, para verter su sangre, la simiente de vida para el mundo perdido.

Sus servidores deben salir a sembrar de la misma manera. Cuando Abrahán recibió el llamamiento a ser un sembrador de la simiente de verdad, se le ordenó: "Vete de tu tierra y de tu parentela, y de la casa de tu padre, a la tierra que te mostraré". "Y salió sin saber a dónde iba".[5] Así el apóstol Pablo, orando en el templo de Jerusalén, recibió el mensaje de Dios: "Ve, porque yo te enviaré lejos a los gentiles".[6] Así los que son llamados a unirse con Cristo deben dejarlo todo para seguirle a él. Las antiguas relaciones deben ser rotas, deben abandonarse los planes de la vida, debe renunciarse a las esperanzas terrenales. La semilla debe sembrarse con trabajo y lágrimas, en la soledad y mediante el sacrificio.

"El sembrador es el que siembra la palabra".[7] Cristo vino a sembrar el mundo de verdad. Desde la caída del hombre, Satanás ha estado sembrando las semillas del error. Fue por medio de un engaño como obtuvo el dominio sobre el hombre al principio, y así trabaja todavía para derrocar el reino de Dios en la tierra y colocar a los hombres bajo su poder. Un sembrador proveniente de un mundo superior, Cristo, vino a sembrar las semillas de verdad. Aquel que había estado en los concilios de Dios, Aquel que había morado en el lugar santísimo del Eterno, podía traer a los hombres los puros principios de la verdad. Desde la caída del hombre, Cristo había sido el Revelador de la verdad al mundo. Por medio de él, la incorruptible simiente, "la palabra de Dios que vive y permanece para siempre",[8] es comunicada a los hombres. En aquella primera promesa pronunciada a nuestra raza caída, en el Edén, Cristo estaba sembrando la simiente del Evangelio. Pero la parábola se aplica especialmente a su ministerio personal entre la gente y la obra que de esa manera estableció.

La Palabra de Dios es la simiente. Cada semilla tiene en sí un poder germinador. En ella está encerrada la vida de la planta. Así hay vida en la Palabra de Dios. Cristo dice: "Las palabras que yo os he hablado son espíritu y son vida". "El que oye mi palabra, y cree al que me envió, tiene vida eterna".[9] En cada mandamiento y en cada promesa de la Palabra de Dios se halla el poder, la vida misma de Dios, por medio de los cuales pueden cumplirse el mandamiento y la promesa. Aquel que por la fe recibe la Palabra, está recibiendo la misma vida y carácter de Dios.

Cada semilla lleva fruto según su especie. Sembrad la semilla en las debidas condiciones, y desarrollará su propia vida en la planta. Recibid en el alma por la fe la incorruptible simiente de la Palabra, y producirá un carácter y una vida a la semejanza del carácter y la vida de Dios.

Los maestros de Israel no estaban sembrando la simiente de la Palabra de

Dios. La obra de Cristo como Maestro de la verdad se hallaba en marcado contraste con la de los rabinos de su tiempo. Ellos se espaciaban en las tradiciones, en las teorías y especulaciones humanas. A menudo colocaban lo que el hombre había enseñado o escrito acerca de la Palabra en lugar de la Palabra misma. Su enseñanza no tenía poder para vivificar el alma. El tema de la enseñanza y la predicación de Cristo era la Palabra de Dios. El hacía frente a los inquiridores con un sencillo: "Escrito está". "¿Qué dice la Escritura?" "¿Cómo lees?" En toda oportunidad, cuando se despertaba algún interés, fuera por obra de un amigo o un enemigo, él sembraba la simiente de la palabra. Aquel que es el Camino, la Verdad y la Vida, siendo él mismo la Palabra viviente, señala las Escrituras, diciendo: "Ellas son las que dan testimonio de mí". "Y comenzando desde Moisés, y siguiendo por todos los profetas, les declaraba en todas las Escrituras lo que de él decían".[10]

Los siervos de Cristo han de hacer la misma obra. En nuestros tiempos, así como antaño, las verdades vitales de la Palabra de Dios son puestas a un lado para dar lugar a las teorías y especulaciones humanas. Muchos profesos ministros del Evangelio no aceptan toda la Biblia como palabra inspirada. Un hombre sabio rechaza una porción; otro objeta otra parte. Valoran su juicio como superior a la Palabra, y los pasajes de la Escritura que ellos enseñan se basan en su propia autoridad. La divina autenticidad de la Biblia es destruida. Así se difunden semillas de incredulidad, pues la gente se confunde y no sabe qué creer. Hay muchas creencias que la mente no tiene derecho a albergar. En los días de Cristo los rabinos interpretaban en forma forzada y mística muchas porciones de la Escritura. A causa de que la sencilla enseñanza de la Palabra de

Dios condenaba sus prácticas, trataban de destruir su fuerza. Lo mismo se hace hoy en día. Se hace aparecer a la Palabra de Dios como misteriosa y oscura para excusar la violación de la ley divina. Cristo reprendió estas prácticas en su tiempo. El enseñó que la Palabra de Dios había de ser entendida por todos. Señaló las Escrituras como algo de incuestionable autoridad, y nosotros debemos hacer lo mismo. La Biblia ha de ser presentada como la Palabra del Dios infinito, como el fin de toda controversia y el fundamento de toda fe.

Se ha despojado a la Biblia de su poder, y los resultados se ven en una disminución del tono de la vida espiritual. En los sermones de muchos púlpitos de nuestros días no se nota esa divina manifestación que despierta la conciencia y vivifica el alma. Los oyentes no pueden decir: "¿No ardía nuestro corazón en nosotros, mientras nos hablaba en el camino, y cuando nos abría las Escrituras?"[11] Hay muchas personas que están clamando por el Dios viviente, y anhelan la presencia divina. Las teorías filosóficas o los ensayos literarios, por brillantes que sean, no pueden satisfacer el corazón. Los asertos e invenciones de los hombres no tienen ningún valor. Que la Palabra de Dios hable a la gente. Que los que han escuchado sólo tradiciones, teorías y máximas humanas, oigan la voz de Aquel cuya palabra puede renovar el alma para vida eterna.

El tema favorito de Cristo era la ternura paternal y la abundante gracia de Dios; se espaciaba mucho en la santidad de su carácter y de su ley; se presentaba a sí mismo a la gente como el Camino, la Verdad, y la Vida. Sean éstos los temas de los ministros de Cristo. Presentad la verdad tal cual es en Jesús. Aclarad los requisitos de la ley y del Evangelio. Hablad a la gente de la vida de sacrificio y abnegación que llevó Cristo; de su humillación y muerte; de su resurrección y ascensión; de su intercesión por ellos en las cortes de Dios; de su promesa: "Vendré otra vez, y os tomaré a mí mismo".[12]

En vez de discutir ideas erróneas, o de tratar de combatir a los opositores del Evangelio, seguid el ejemplo de Cristo. Resplandezcan en forma vivificante las frescas verdades del tesoro divino. "Que prediques la palabra; que instes a tiempo y fuera de tiempo". Siembra "junto a todas las aguas". "Aquel a quien fuere mi palabra, cuente mi palabra verdadera. ¿Qué tiene que ver la paja con el trigo? dice Jehová". "Toda palabra de Dios es limpia;... no añadas a sus palabras, para que no te reprenda, y seas hallado mentiroso".[13]

"El sembrador siembra la palabra". Aquí se presenta el gran principio que debe gobernar toda obra educativa. "La simiente es la palabra de Dios". Pero en demasiadas escuelas de nuestro tiempo la Palabra de Dios se descarta. Otros temas ocupan la mente. El estudio de los autores incrédulos ocupa mucho lugar en el sistema de educación. Los sentimientos escépticos se entretejen en el texto de los libros de estudio. Las investigaciones científicas desvían, porque sus descubrimientos se interpretan mal y se pervierten. Se compara la Palabra de Dios con las supuestas enseñanzas de la ciencia, y se la hace aparecer como errónea e indigna de confianza. Así se siembran en las mentes juveniles semillas de dudas, que brotan en el tiempo de la tentación. Cuando se pierde la fe en la Palabra de Dios, el alma no tiene ninguna guía, ninguna seguridad. La juventud es arrastrada a senderos que alejan de Dios y de la vida eterna.

A esta causa debe atribuirse, en sumo grado, la iniquidad generalizada en el mundo moderno. Cuando se descarta la Palabra de Dios, se rechaza su poder de refrenar las pasiones perversas del corazón natural. Los hombres siembran para la carne, y de la carne siegan corrupción.

Además, en esto estriba la gran causa de la debilidad y deficiencia mentales. Al apartarse de la Palabra de Dios para alimentarse de los escritos de los hombres no inspirados, la mente llega a empequeñecerse y degradarse. No se pone en contacto con los profundos y amplios principios de la verdad eterna. La inteligencia se adapta a la comprensión de las cosas con las cuales se familiariza, y al dedicarse a las cosas finitas se debilita, su poder decrece, y después de un tiempo llega a ser incapaz de ampliarse.

Todo esto es falsa educación. La obra de todo maestro debe tender a afirmar la mente de la juventud en las grandes verdades de la Palabra inspirada. Esta es la educación esencial para esta vida y para la vida venidera. Y no se crea que esto impedirá el estudio de las ciencias, o dará como resultado una norma más baja en la educación. El conocimiento de Dios es tan alto como los cielos y tan amplio como el universo. No hay nada tan ennoblecedor y vigorizador como el estudio de los grandes temas que conciernen a nuestra vida eterna. Traten los jóvenes de comprender estas verdades divinas, y sus mentes se ampliarán y fortalecerán con el esfuerzo. Esto colocará a todo estudiante que sea un hacedor de la palabra, en un campo de pensamiento más amplio, y le asegurará una imperecedera riqueza de conocimiento.

La educación que puede obtenerse por el escudriñamiento de las Escrituras es un conocimiento experimental del plan de la salvación. Tal educación restaurará la imagen de Dios en el alma. Fortalecerá y vigorizará la mente contra la tentación, y habilitará al estudiante para ser un colaborador de Cristo en su misión de misericordia al mundo. Lo convertirá en un miembro de la familia celestial, y lo preparará para compartir la herencia de los santos en luz.

Pero el que enseña verdades sagradas puede impartir únicamente aquello que él mismo conoce por experiencia. "El sembrador salió a sembrar *su* semilla".[14] Cristo enseñó la verdad porque él era la verdad. Su propio pensamiento, su carácter, la experiencia de su vida, estaban encarnados en su enseñanza. Tal debe ocurrir con sus siervos: aquellos que quieren enseñar la Palabra han de hacer de ella algo propio mediante una experiencia personal. Deben saber qué significa tener a Cristo hecho para ellos sabiduría y justificación y santificación y redención. Al presentar a los demás la Palabra de Dios, no han de hacerla aparecer como algo supuesto o un "tal vez". Deben declarar con el apóstol Pedro: "No os hemos dado a conocer... fábulas artificiosas, sino como habiendo visto con nuestros propios ojos su majestad".[15] Todo ministro de Cristo y todo maestro deben poder decir con el amado Juan: "Porque la vida fue manifestada, y la hemos visto, y testificamos, y os anunciamos la vida eterna, la cual estaba con el Padre, y se nos manifestó".[16]

El terreno junto al camino

Aquello a lo cual se refiere principalmente la parábola del sembrador es el efecto producido en el crecimiento de la semilla por el suelo en el cual se echa. Mediante esta parábola Cristo decía prácticamente a sus oyentes: No es seguro para vosotros deteneros y criticar mis obras o albergar desengaño, porque ellas no satisfacen vuestras ideas. El asunto de mayor importancia para vosotros es: ¿cómo trataréis mi mensaje? De vuestra aceptación o rechazamiento de él, depende vuestro destino eterno.

Explicando lo referente a la semilla que cayó a la vera del camino, dijo: "Cuando alguno oye la palabra del reino y no la entiende, viene el malo, y arrebata lo que fue sembrado en su corazón. Este es el que fue sembrado junto al camino".

La semilla sembrada a la vera del camino representa la Palabra de Dios cuando cae en el corazón de un oyente desatento. Semejante al camino muy trillado, pisoteado por los pies de los hombres y las bestias, es el corazón que llega a transformarse en un camino para el tránsito del mundo, sus placeres y pecados. Absorta en propósitos egoístas y pecaminosas complacencias, el alma está endurecida "por el engaño del pecado".[17] Las facultades espirituales se paralizan. Los hombres oyen la Palabra, pero no la entienden. No disciernen que se aplica a ellos mismos. No se dan cuenta de sus necesidades y peligros. No perciben el amor de Cristo, y pasan por alto el mensaje de su gracia como si fuera algo que no les concerniese.

Como los pájaros están listos para sacar la semilla de junto al camino, Satanás está listo para quitar del alma las semillas de verdad divina. El teme que la Palabra de Dios despierte al descuidado y produzca efecto en el corazón endurecido. Satanás y sus ángeles se encuentran en las reuniones donde se predica el Evangelio. Mientras los ángeles del cielo tratan de impresionar los corazones con la Palabra de Dios, el enemigo está alerta para hacer que no surta efecto. Con un fervor solamente igualable a su malicia, trata de desbaratar la obra del Espíritu de Dios. Mientras Cristo está atrayendo al alma por su amor, Satanás trata de desviar la atención del que es inducido a buscar al Salvador. Ocupa la mente con planes mundanos. Excita a la crítica, o insinúa la

LA SIEMBRA DE LA VERDAD

duda y la incredulidad. La forma en que el orador escoge su lenguaje o sus maneras puede no agradar a los oyentes, y éstos se espacian en los defectos. Así la verdad que ellos necesitan y que Dios les ha enviado misericordiosamente, no produce ninguna impresión duradera.

Satanás tiene muchos ayudantes. Muchos que profesan ser cristianos están ayudando al tentador a arrebatar las semillas de verdad del corazón de los demás. Muchos que escuchan la predicación de la Palabra de Dios hacen de ella el objeto de sus críticas en el hogar. Se sientan para juzgar el sermón como juzgarían las palabras de un conferenciante mundano o un orador político. Se espacian en comentarios triviales o sarcásticos sobre el mensaje que debe ser considerado como la palabra del Señor dirigida a ellos. Se discuten libremente el carácter, los motivos y las acciones del pastor, así como la conducta de los demás miembros de la iglesia. Se pronuncian juicios severos, se repiten chismes y calumnias, y esto a oídos de los inconversos. A menudo los padres conversan de estas cosas a oídos de sus propios hijos. Así se destruye el respeto por los mensajeros de Dios y la reverencia debida a su mensaje. Y muchos son inducidos a considerar livianamente la misma Palabra de Dios.

Así, en los hogares de los profesos cristianos se inculca en muchos jóvenes la incredulidad. Y los padres se preguntan por qué sus hijos tienen tan poco interés en el Evangelio, y se hallan tan listos para dudar de las verdades bíblicas. Se admiran de que sea tan difícil alcanzarlos con las influencias morales y religiosas. No ven que su propio ejemplo ha endurecido el corazón de sus hijos. La buena semilla no encuentra lugar para arraigarse, y Satanás la arrebata.

En pedregales

"Y el que fue sembrando en pedregales, éste es el que oye la palabra, y al momento la recibe con gozo; pero no tiene raíz en sí, sino que es de corta duración, pues al venir la aflicción o la persecución por causa de la palabra, luego tropieza".

La semilla sembrada en lugares pedregosos encuentra poca profundidad de tierra. La planta brota rápidamente, pero la raíz no puede penetrar en la roca para encontrar el alimento que sostenga su crecimiento, y pronto muere. Muchos que profesan ser religiosos son oidores pedregosos. Así como la roca yace bajo la capa de tierra, el egoísmo del corazón natural yace debajo del terreno de sus buenos deseos y aspiraciones. No subyugan el amor propio. No han visto la excesiva pecaminosidad del pecado, y su corazón no se ha humillado por el sentimiento de su culpa. Esta clase puede ser fácilmente convencida, y parecen ser conversos inteligentes, pero tienen sólo una religión superficial.

No se retractan porque hayan recibido la palabra inmediatamente ni porque se regocijen en ella. Tan pronto como San Mateo oyó el llamamiento del Salvador, se levantó de inmediato, dejó todo y lo siguió. Tan pronto como la palabra divina viene a nuestros corazones, Dios desea que la recibamos, y es lo correcto aceptarla con gozo. Hay "gozo en el cielo por un pecador que se arrepiente".[18] Y hay gozo en el alma que cree en Cristo. Pero aquellos de los cuales la parábola dice que reciben la palabra inmediatamente, no calculan el costo. No consideran lo que la Palabra de Dios requiere de ellos. No examinan todos sus hábitos de vida a la luz de la Palabra, ni se entregan por completo a su dominio.

Las raíces de la planta penetran profundamente en el suelo, y ocultas de la vista nutren la vida del vegetal. Tal debe ocurrir

17

con el cristiano: es por la unión invisible del alma con Cristo, mediante la fe, como la vida espiritual se alimenta. Pero los oyentes pedregosos dependen de sí mismos y no de Cristo. Confían en sus buenas obras y buenos impulsos, y se sienten fuertes en su propia justicia. No son fuertes en el Señor y en la potencia de su fortaleza. Tal persona "no tiene raíz en sí", porque no está relacionada con Cristo.

El cálido sol estival, que fortalece y madura el robusto grano, destruye aquello que no tiene raíz profunda. Así, el que "no tiene raíz en sí" "es de corta duración"; y "al venir la aflicción o la persecución por causa de la palabra, luego tropieza". Muchos reciben el Evangelio como una manera de escapar del sufrimiento, más bien que como una liberación del pecado. Se regocijan por un tiempo, porque piensan que la religión los libertará de las dificultades y las pruebas. Mientras todo marcha suavemente y viento en popa, parecen ser cristianos consecuentes. Pero desmayan en medio de la prueba fiera de la tentación. No pueden soportar el oprobio por la causa de Cristo. Cuando la Palabra de Dios señala algún pecado acariciado o pide algún sacrificio, ellos se ofenden. Les costaría demasiado esfuerzo hacer un cambio radical en su vida. Miran los actuales inconvenientes y pruebas, y olvidan las realidades eternas. A semejanza de los discípulos que dejaron a Jesús, están listos para decir: "Dura es esta palabra; ¿quién la puede oír?"[19]

Hay muchos que pretenden servir a Dios, pero que no lo conocen por experiencia. Su deseo de hacer la voluntad divina se basa en su propia inclinación, y no en la profunda convicción impartida por el Espíritu Santo. Su conducta no armoniza con la ley de Dios. Profesan aceptar a Cristo como su Salvador, pero no creen en que él quiere darles poder para vencer sus pecados. No tienen una relación personal con un Salvador viviente, y su carácter revela defectos heredados así como cultivados.

Una cosa es manifestar un asentimiento general a la intervención del Espíritu Santo, y otra cosa aceptar su obra como reprendedor que nos llama al arrepentimiento. Muchos sienten su apartamiento de Dios, comprenden que están esclavizados por el yo y el pecado; hacen esfuerzos por reformarse; pero no crucifican el yo. No se entregan enteramente en las manos de Cristo, buscando el poder divino que los habilite para hacer su voluntad. No están dispuestos a ser modelados a la semejanza divina. En forma general reconocen sus imperfecciones, pero no abandonan sus pecados particulares. Con cada acto erróneo se fortalece la vieja naturaleza egoísta.

La única esperanza para estas almas consiste en que se realice en ellas la verdad de las palabras de Cristo dirigidas a Nicodemo: "Os es necesario nacer de nuevo". "El que no naciere de nuevo, no puede ver el reino de Dios".[20]

La verdadera santidad es integridad en el servicio de Dios. Esta es la condición de la verdadera vida cristiana. Cristo pide una consagración sin reserva, un servicio indiviso. Pide el corazón, la mente, el alma, las fuerzas. No debe agradarse al yo. El que vive para sí no es cristiano.

El amor debe ser el principio que impulse a obrar. El amor es el principio fundamental del gobierno de Dios en los cielos y en la tierra, y debe ser el fundamento del carácter del cristiano. Sólo este elemento puede hacer estable al cristiano. Sólo esto puede habilitarlo para resistir la prueba y la tentación.

Y el amor se revelará en el sacrificio. El plan de redención fue fundado en el sacrificio, un sacrificio tan amplio y tan profundo y tan alto que es inconmensurable. Cristo lo dio todo por nosotros, y aquellos que reciben a Cristo deben estar listos a sacrificarlo todo por la causa de su Redentor. El pensamiento de su honor y de su gloria vendrá antes de ninguna otra cosa.

Si amamos a Jesús, amaremos vivir para él, presentar nuestras ofrendas de gratitud a él, trabajar por él. El mismo trabajo será liviano. Por su causa anhelaremos el dolor, las penalidades y el sacrificio. Simpatizaremos con su vehemente deseo de salvar a los hombres. Sentiremos por las almas el mismo tierno afán que él sintió.

Esta es la religión de Cristo. Cualquier cosa que sea menos que esto es un engaño. Ningún alma se salvará por una mera teoría de la verdad o por una profesión de discipulado. No pertenecemos a Cristo a menos que seamos totalmente suyos. La tibieza en la vida cristiana es lo que hace a los hombres débiles en su propósito y volubles en sus deseos. El esfuerzo por servir al yo y a Cristo a la vez lo hace a uno oidor pedregoso, y no prevalecerá cuando la prueba le sobrevenga.

Entre las espinas

"El que fue sembrando entre espinos, éste es el que oye la palabra, pero el afán de este siglo y el engaño de las riquezas ahogan la palabra, y se hace infructuosa".

La semilla del Evangelio a menudo cae entre las espinas y las malas hierbas; y si no hay una transformación moral en el corazón humano, si los viejos hábitos y prácticas y la vida pecaminosa anterior no se dejan atrás, si los atributos de Satanás no son extirpados del alma, la cosecha de trigo se ahoga. Las espinas llegarán a ser la cosecha, y exterminarán el trigo.

La gracia puede prosperar únicamente en el corazón que constantemente está preparándose para recibir las preciosas semillas de verdad. Las espinas del pecado crecen en cualquier terreno; no necesitan cultivo; pero la gracia debe ser cuidadosamente cultivada. Las espinas y las zarzas siempre están listas para surgir, y de continuo debe avanzar la obra de purificación. Si el corazón no está bajo el dominio de Dios, si el Espíritu Santo no obra incesantemente para refinar y ennoblecer el carácter, los viejos hábitos se revelarán en la vida. Los hombres pueden profesar creer el Evangelio; pero a menos que sean santificados por el Evangelio, su profesión no tiene valor. Si no ganan la victoria sobre el pecado, el pecado la obtendrá sobre ellos. Las espinas que han sido cortadas pero no desarraigadas crecen con presteza, hasta que el alma queda ahogada por ellas.

Cristo especificó las cosas que son dañinas para el alma. Según San Marcos, él mencionó los cuidados de este siglo, el engaño de las riquezas, y las codicias de otras cosas. Lucas especifica los afanes, las riquezas y los pasatiempos de la vida. Esto es lo que ahoga la palabra, el crecimiento de la semilla espiritual. El alma deja de obtener su nutrición de Cristo, y la espiritualidad se desvanece del corazón.

"Los afanes de este siglo". Ninguna clase de personas está libre de la tentación de los afanes del mundo. El trabajo penoso, la privación y el temor de la necesidad le acarrean al pobre perplejidades y cargas. Al rico le sobreviene el temor de la pérdida y una multitud de congojas. Muchos de los que siguen a Cristo olvidan la lección que él nos ha invitado a aprender de las flores del campo. No confían en su cuidado constante. Cristo no puede llevar sus cargas porque ellos no las echan sobre él. Por lo tanto, los afanes de la vida, que deberían inducirlos a ir al Salvador para obtener ayuda y alivio, los separan de él.

Muchos que podrían ser fructíferos en el servicio de Dios se dedican a adquirir riquezas. Dedican la totalidad de su energía a las empresas comerciales, y se sienten obligados a descuidar las cosas de naturaleza espiritual. Así se separan de Dios. En las Escrituras se nos ordena que no seamos perezosos en los quehaceres.[21] Hemos de trabajar para poder dar al que necesita. Los cristianos deben trabajar, deben ocuparse en los negocios, y pueden hacerlo sin pecar. Pero muchos llegan a estar tan absortos en los negocios, que no tienen tiempo para orar, para estudiar la Biblia, para buscar y servir a Dios. A veces su alma anhela la santidad y el cielo; pero no tienen tiempo para apartarse del ruido del mundo a fin de escuchar el lenguaje del Espíritu de Dios, que habla con majestad y con autoridad. Las cosas de la eternidad se convierten en secundarias y las cosas del mundo en supremas. Es imposible que la simiente de la palabra produzca fruto; pues la vida del alma se emplea en alimentar las espinas de la mundanalidad.

Y muchos que obran con un propósito muy diferente caen en un error similar. Están trabajando para el bien de otros; sus deberes apremian, sus responsabilidades son muchas, y permiten que su trabajo ocupe hasta el tiempo que deben a la devoción. Descuidan la comunión que debieran sostener con Dios por medio de la oración y el estudio de su Palabra. Olvidan que Cristo dijo: "Separados de mí nada podéis hacer".[22] Andan lejos de Cristo; su vida no está saturada de su gracia y revelan las características del yo. Su servicio se echa a perder por el deseo de la supremacía y por los rasgos ásperos y carentes de bondad del corazón insubordinado. He aquí uno de los principales secretos del fracaso en la obra cristiana. Esta es la razón por la cual sus resultados son a menudo tan pobres.

"El engaño de las riquezas". El amor a las riquezas tiene el poder de infatuar y engañar. Demasiado a menudo aquellos que poseen tesoros mundanales se olvidan de que es Dios el que les ha dado el poder de adquirir riquezas. Dicen: "Mi poder y la fuerza de mi mano me han traído esta riqueza".[23] Su riqueza, en vez de despertar gratitud hacia Dios, los induce a la exaltación propia. Pierden el sentido de su dependencia de Dios y su obligación con respecto a sus semejantes. En vez de considerar las riquezas como un talento que ha de ser empleado para la gloria de Dios y la elevación de la humanidad, las miran como un medio de servirse a sí mismos. En vez de desarrollar en el hombre los atributos de Dios, las riquezas así usadas desarrollan en él los atributos de Satanás. La semilla de la palabra es ahogada por las espinas.

"Y los placeres de la vida". Hay peligro en las diversiones que persiguen únicamente la complacencia propia. Todos los hábitos de complacencia que debilitan las facultades físicas, que anublan la mente o entorpecen las percepciones espirituales, son "deseos carnales que batallan contra el alma".[24]

"Y las codicias de otras cosas". Estas no son necesariamente cosas pecaminosas en sí mismas, sino algo a lo cual se le concede el primer lugar en vez del reino de Dios. Todo lo que desvía la mente de Dios, todo lo que aparta los afectos de Cristo, es un enemigo del alma.

El terreno de los corazones jóvenes
Cuando la mente es juvenil, vigorosa y capaz de un rápido desarrollo, existe la gran tentación de la ambición egoísta, de servir al yo. Si los planes mundanos tienen éxito, se manifiesta una inclinación a continuar en un camino que amortece la

conciencia e impide una estimación correcta de lo que constituye la verdadera excelencia del carácter. Cuando las circunstancias favorezcan este desarrollo, el crecimiento se manifestará en una dirección prohibida por la Palabra de Dios.

En este período de formación de la vida de sus hijos, la responsabilidad de los padres es muy grande. Debe constituir su tema de estudio cómo rodear a la juventud de las debidas influencias, influencias que les den opiniones correctas acerca de la vida y el verdadero éxito. En vez de esto, ¡cuántos padres convierten en el primer objeto de su vida el conseguir para sus hijos la prosperidad mundanal! Eligen todas sus relaciones con este fin. Muchos padres establecen su hogar en alguna gran ciudad y buscan la aceptación social de sus hijos. Los rodean de influencias que estimulan la mundanalidad y el orgullo. En esa atmósfera la mente y el alma se empequeñecen. Los blancos nobles y elevados de la vida se pierden de vista. El privilegio de ser hijos de Dios, herederos de la eternidad, se cambia por el beneficio mundanal.

Muchos padres buscan la felicidad de sus hijos satisfaciendo su amor a las diversiones. Les permiten ocuparse en los deportes y asistir a fiestas de placer, y les proveen dinero para usar libremente en la ostentación y la complacencia propia. Cuanto más se trata de satisfacer el deseo de placer, tanto más se fortalece. El interés de estos jóvenes queda cada vez más absorbido por las diversiones, hasta que llegan a considerarlas como el gran objeto de su vida. Forman hábitos de ociosidad y complacencia propia, que hacen casi imposible que alguna vez lleguen a ser cristianos estables.

Aun a la iglesia, que debe ser el pilar y el fundamento de la verdad, se la halla estimulando el amor egoísta del placer.

Cuando debe obtenerse dinero para fines religiosos, ¿a qué medios recurren muchas iglesias? A los bazares, las cenas, las exposiciones de artículos de fantasía, aun a las rifas y a recursos similares. A menudo el lugar apartado para el culto divino es profanado banqueteando y bebiendo, comprando, vendiendo y divirtiéndose. El respeto por la casa de Dios y la reverencia por su culto disminuyen en la mente de los jóvenes. Los baluartes del dominio propio se debilitan. El egoísmo, el apetito, el amor a la ostentación son usados como móviles, y se fortalecen a medida que se complacen.

La búsqueda de los placeres y las diversiones se centraliza en las ciudades. Muchos padres que se establecen en la ciudad con sus hijos, pensando darles mayores ventajas, se desilusionan, y demasiado tarde se arrepienten de su terrible error. Las ciudades de nuestros días se están volviendo rápidamente como Sodoma y Gomorra. Los muchos días feriados estimulan la holgazanería. Los deportes excitantes —el asistir a los teatros,* las carreras de caballos, los juegos de azar, el beber licores y las jaranas— estimulan todas las pasiones a una actividad intensa. La juventud es arrastrada por la corriente popular. Aquellos que aprenden a amar las diversiones, abren la puerta a un alud de tentaciones. Se entregan a las bromas y algazaras sociales y a la jovialidad irreflexiva, y su trato con los amantes de los placeres tiene un efecto intoxicante sobre la mente. Son guiados de una forma de disipación a otra, hasta que pierden tanto el deseo como la capacidad de vivir una vida útil. Sus aspiraciones religiosas se enfrían; su vida espiritual se oscurece.

---

*Hoy incluiríamos con más razón también el cine.—*N. de la R.*

21

Todas las más nobles facultades del alma, todo lo que une al hombre con el mundo espiritual, es envilecido.

Es cierto que algunos podrán ver su insensatez y arrepentirse. Dios puede perdonarlos. Pero han herido sus propias almas, y han traído sobre ellos un peligro que durará toda su vida. El poder de discernir, que siempre debe ser mantenido aguzado y sensible para distinguir entre lo correcto y lo erróneo, en gran parte se destruye. No son rápidos para reconocer la voz guiadora del Espíritu Santo o para discernir los engaños de Satanás. Demasiado a menudo, en tiempo de peligro, caen en la tentación, y son alejados de Dios. El final de su vida amante de los placeres es la ruina en este mundo y en el mundo venidero.

Los afanes, las riquezas, los placeres, todos son usados por Satanás en el juego de la vida para conquistar el alma humana. Se nos da la amonestación: "No améis al mundo, ni las cosas que están en el mundo. Si alguno ama al mundo, el amor del Padre no está en él. Porque todo lo que hay en el mundo, los deseos de la carne, los deseos de los ojos, y la vanagloria de la vida, no proviene del Padre, sino del mundo".[25] Aquel que lee el corazón de los hombres como un libro abierto dice: "Mirad también por vosotros mismos, que vuestros corazones no se carguen de glotonería y embriaguez y de los afanes de esta vida".[26] Y el apóstol Pablo, inspirado por el Espíritu Santo, escribe: "Los que quieren enriquecerse caen en tentación y lazo, y en muchas codicias necias y dañosas, que hunden a los hombres en destrucción y perdición; porque raíz de todos los males es el amor al dinero, el cual codiciando algunos, se extraviaron de la fe, y fueron traspasados de muchos dolores".[27]

La preparación del terreno

A través de la parábola del sembrador, Cristo presenta el hecho de que los diferentes resultados dependen del terreno. En todos los casos, el sembrador y la semilla son los mismos. Así él enseña que si la Palabra de Dios deja de cumplir su obra en nuestro corazón y en nuestra vida, la razón estriba en nosotros mismos. Pero el resultado no se halla fuera de nuestro dominio. En verdad, nosotros no podemos cambiarnos a nosotros mismos; pero tenemos la facultad de elegir y de determinar qué llegaremos a ser. Los oyentes representados por la vera del camino, el terreno pedregoso y el de espinas, no necesitan permanecer en esa condición. El Espíritu de Dios está siempre tratando de romper el hechizo de la infatuación que mantiene a los hombres absortos en las cosas mundanas, y de despertar el deseo de poseer el tesoro imperecedero. Es resistiendo al Espíritu como los hombres llegan a desatender y descuidar la palabra de Dios. Ellos mismos son responsables de la dureza de corazón que impide que la buena simiente eche raíces, y de los malos retoños que detienen su desarrollo.

Debe cultivarse el jardín del corazón. Debe abrirse el terreno por medio de un profundo arrepentimiento del pecado. Deben desarraigarse las satánicas plantas venenosas. Una vez que el terreno ha estado cubierto por las espinas, sólo se lo puede utilizar después de un trabajo diligente. Así también, sólo se pueden vencer las malas tendencias del corazón humano por medio de esfuerzos fervientes en el nombre de Jesús y con su poder. El Señor nos ordena por medio de su profeta: "Arad campo para vosotros, y no sembréis entre espinos". "Sembrad para vosotros en justicia, segad para vosotros en misericordia".[28] Dios desea hacer en favor nuestro esta obra, y nos pide que cooperemos con él.

LA SIEMBRA DE LA VERDAD

Los sembradores de la semilla tienen una obra que hacer en cuanto a preparar los corazones para que reciban el Evangelio. Se presenta la Palabra con demasiado sermoneo y con muy poca obra de corazón a corazón. Se necesita un trabajo personal en favor de las almas de los perdidos. Debemos acercarnos a los hombres individualmente; y con la simpatía de Cristo hemos de tratar de despertar su interés en los grandes asuntos de la vida eterna. Quizá su corazón parezca tan duro como el camino transitado, y tal vez sea aparentemente un esfuerzo inútil presentarles al Salvador; pero aun cuando la lógica no pueda conmover, y los argumentos puedan resultar inútiles para convencer, el amor de Cristo, revelado en el ministerio personal, puede ablandar un corazón pétreo, de manera que la semilla de la verdad pueda arraigarse.

De modo que los sembradores tienen algo que hacer para que la semilla no sea ahogada por las espinas o perezca debido a la poca profundidad del terreno. En el mismo comienzo de la vida cristiana deben enseñarse a cada creyente los principios fundamentales. Debe enseñársele que no ha de ser meramente salvado por el sacrificio de Cristo, sino que ha de hacer que la vida de Cristo sea su vida, y el carácter de Cristo su carácter. Enséñese a todos que han de llevar cargas y deben sacrificar sus inclinaciones naturales. Aprendan la bendición de trabajar para Cristo, imitándolo en la abnegación, y soportando penurias como buenos soldados. Aprendan a confiar en el amor de Cristo y a descargar en él sus congojas. Prueben el gozo de ganar almas para él. En su amor e interés por los perdidos, perderán de vista el yo; los placeres del mundo perderán su poder de atracción y sus cargas no los descorazonarán. La reja del arado de la verdad hará su obra. Romperá el terreno inculto, y no solamente cortará los tallos de las espinas, sino que las arrancará de raíz.

En buena tierra

No siempre ha de chasquearse el sembrador. El Salvador dice de la semilla que cayó en buen terreno: "Este es el que oye y entiende la palabra, y da fruto: y produce a ciento, a sesenta, y a treinta por uno". "La que cayó en buena tierra, éstos son los que con corazón bueno y recto retienen la palabra oída, y dan fruto con perseverancia".

El "corazón bueno y recto" mencionado en la parábola, no es un corazón sin pecado; pues se predica el Evangelio a los perdidos. Cristo dijo: "No he venido a llamar a justos, sino a pecadores".[29] Tiene corazón recto el que se rinde a la convicción del Espíritu Santo. Confiesa su pecado, y siente su necesidad de la misericordia y el amor de Dios. Tiene el deseo sincero de conocer la verdad para obedecerla. El "corazón bueno" es el que cree y tiene fe en la palabra de Dios. Sin fe es imposible recibir la palabra. "Es necesario que el que se acerca a Dios crea que lo hay, y que es galardonador de los que le buscan".[30]

"Este es el que oye y entiende la palabra". Los fariseos de los días de Cristo cerraron los ojos para no ver y los oídos para no oír, y en esa forma, la verdad no les pudo llegar al corazón. Habían de sufrir el castigo por su ignorancia voluntaria y la ceguera que se imponían a sí mismos. Pero Cristo enseñó a sus discípulos que ellos habían de abrir su mente a la instrucción y habían de estar listos para creer. Pronunció una bendición sobre ellos porque vieron y oyeron con ojos y oídos creyentes.

El oyente que se asemeja al buen terreno, recibe la palabra, "no como palabra de hombres, sino según es en verdad, la palabra de Dios".[31] Sólo es un verdadero estudiante el que recibe las Escrituras como la voz de Dios que le habla. Tiembla ante la Palabra; porque para él es una viviente realidad. Abre su entendimiento y corazón para recibirla. Oyentes tales eran Cornelio y sus amigos, que dijeron al apóstol Pedro: "Ahora, pues, todos nosotros estamos aquí en la presencia de Dios, para oírr todo lo que Dios te ha mandado".[32]

El conocimiento de la verdad depende no tanto de la fuerza intelectual como de la pureza de propósito, la sencillez de una fe ferviente y confiada. Los ángeles de Dios se acercan a los que con humildad de corazón buscan la dirección divina. Se les da el Espíritu Santo para abrirles los ricos tesoros de la verdad.

Los oyentes que son comparables a un buen terreno, habiendo oído la palabra, la guardan. Satanás con todos sus agentes del mal no puede arrebatársela.

No es suficiente sólo oír o leer la Palabra; el que desea sacar provecho de las Escrituras, debe meditar acerca de la verdad que le ha sido presentada. Por medio de ferviente atención y del pensamiento impregnado de oración debe aprender el significado de las palabras de verdad, y debe beber profundamente del espíritu de los oráculos santos.

Dios manda que llenemos la mente con pensamientos grandes y puros. Desea que meditemos en su amor y misericordia, que estudiemos su obra maravillosa en el gran plan de la redención. Entonces podremos comprender la verdad con claridad cada vez mayor, nuestro deseo de pureza de corazón y claridad de pensamiento será más elevado y más santo. El alma que mora en la atmósfera pura de los pensamientos santos, será transformada por la comunión con Dios por medio del estudio de las Escrituras.

"Y llevan fruto". Los que, habiendo recibido la palabra, la guardan, darán frutos de obediencia. La palabra de Dios, recibida en el alma, se manifestará en buenas obras. Sus resultados se verán en una vida y un carácter semejantes a los de Cristo. Jesús dijo de sí mismo: "El hacer tu voluntad, Dios mío, me ha agradado, y tu ley está en medio de mi corazón".

"No busco mi voluntad, sino la voluntad del que me envió, la del Padre". Y la Escritura declara: "El que dice que permanece en él, debe andar como él anduvo". [33]

La palabra de Dios choca a menudo con rasgos de carácter hereditarios y cultivados del hombre y con sus hábitos de vida, pero el oidor que se asemeja al buen terreno, al recibir la palabra, acepta todas sus condiciones y requisitos. Sus hábitos, costumbres y prácticas se someten a la palabra de Dios. Ante su vista los mandamientos del hombre finito y falible, se hacen insignificantes al lado de la palabra del Dios infinito. De todo corazón y con un solo propósito busca la vida eterna, y obedecerá la verdad a costa de pérdidas, persecuciones y la muerte misma.

Y da fruto "en paciencia". Nadie que reciba la palabra de Dios quedará libre de dificultades y pruebas; pero cuando se presenta la aflicción, el verdadero cristiano no se inquieta, no pierde la confianza ni se desalienta. Aunque no podamos ver los resultados finales, ni podamos discernir el propósito de las providencias de Dios, no hemos de desechar nuestra confianza. Recordando las tiernas misericordias del Señor, debemos descargar en él nuestra inquietud y esperar con paciencia su salvación.

La vida espiritual se fortalece con el conflicto. Las pruebas, cuando se las sobrelleva bien, desarrollan la firmeza de carácter y las preciosas gracias espirituales. El fruto perfecto de la fe, la mansedumbre y el amor, a menudo maduran entre las nubes tormentosas y la oscuridad.

"El labrador espera el precioso fruto de la tierra, aguardando con paciencia hasta que reciba la lluvia temprana y la tardía".[34] Así también el cristiano debe esperar en su vida los frutos de la palabra de Dios. Muchas veces, cuando pedimos en oración las gracias del Espíritu, para contestar nuestras oraciones, Dios nos coloca en circunstancias que nos permiten desarrollar esos frutos; pero no entendemos su propósito, nos asombramos y desanimamos. Sin embargo, nadie puede desarrollar esas gracias a no ser por medio del proceso del crecimiento y la producción de frutos. Nuestra parte consiste en recibir la palabra de Dios, aferrarnos de

ella, y rendirnos plenamente a su dominio; así se cumplirá en nosotros su propósito.

"El que me ama —dijo Cristo—, mi palabra guardará; y mi Padre le amará, y vendremos a él, y haremos morada con él".[35] En nosotros se demostrará la influencia dominante de una mente más fuerte y perfecta; porque tenemos una relación viviente con la fuente de una fortaleza que lo soporta todo. En nuestra vida divina seremos llevados en cautividad a Jesucristo. No viviremos por más tiempo la vida común de egoísmo, sino que Cristo vivirá en nosotros. Su carácter se reproducirá en nuestra naturaleza. Así llevaremos los frutos del Espíritu Santo: "Cuál a ciento, cuál a sesenta, y cuál a treinta".

1. S. Mateo 3:2.
2. S. Mateo 13:37.
3. S. Juan 7:17.
4. S. Marcos 4:3.
5. Génesis 12:1; Hebreos 11:8.
6. Hechos 22:21.
7. Marcos 4:14.
8. 1 S. Pedro 1:23.
9. S. Juan 6:63; 5:24.
10. S. Juan 5:39; S. Lucas 24:27.
11. S. Lucas 24:32.
12. S. Juan 14:3.
13. 2 Timoteo 4:2; Isaías 32:20; Jeremías 23:28; Proverbios 30:5-6.
14. S. Lucas 8:5.
15. 2 S. Pedro 1:16.
16. 1 S. Juan 1:2.
17. Hebreos 3:13.
18. S. Lucas 15:7.
19. S. Juan 6:60.
20. S. Juan 3:7, 3.
21. Romanos 12:11.
22. S. Juan 15:5.
23. Deuteronomio 8:17.
24. 1 S. Pedro 2:11.
25. 1 S. Juan 2:15-16.
26. S. Lucas 21:34.
27. 1 Timoteo 6:9-10.
28. Jeremías 4:3; Oseas 10:12.
29. S. Marcos 2:17.
30. Hebreos 11:6.
31. 1 Tesalonicenses 2:13.
32. Hechos 10:33.
33. Salmo 4:8; S. Juan 5:30; 1 S. Juan 2:6.
34. Santiago 5:7.
35. S. Juan 14:23.

EL DESARROLLO DE LA VIDA

La parábola del sembrador suscitó muchas preguntas. Por ella algunos de los oyentes llegaron a la conclusión de que Cristo no iba a establecer un reino terrenal, y muchos se quedaron curiosos y preplejos. Viendo su perplejidad, Cristo usó otras ilustraciones, con las que trató todavía de llevar sus pensamientos de la esperanza de un reino terrenal a la obra de gracia de Dios en el alma.

"Decía además: Así es el reino de Dios, como cuando un hombre hecha semilla en la tierra; y duerme y se levanta, de noche y de día, y la semilla brota y crece sin que él sepa cómo. Porque de suyo lleva fruto la tierra, primero hierba, luego espiga, después grano lleno en la espiga; y cuando el fruto está maduro, en seguida se mete la hoz, porque la siega ha llegado".

El agricultor que "mete la hoz, porque la siega ha llegado", no puede ser otro que Cristo. El es quien en el gran día final recogerá la cosecha de la tierra. Pero el sembrador de la semilla representa a los que trabajan en lugar de Cristo. Se dice que "la semilla brota y crece como él no sabe", y esto no es verdad en el caso del Hijo de Dios. Cristo no se duerme sobre su cometido, sino que vela sobre él día y noche. El no ignora cómo crece la simiente.

La parábola de la semilla revela que Dios obra en la naturaleza. La semilla tiene en sí un principio germinativo, un principio que Dios mismo ha implantado; y, sin embargo, si se abandonara la semilla a sí misma, no tendría poder para brotar. El hombre tiene una parte que realizar para promover el crecimiento del grano. Debe preparar y abonar el terreno y arrojar en él la simiente. Debe arar el campo. Pero hay un punto más allá del cual nada puede hacer. No hay fuerza ni sabiduría humana que pueda hacer brotar de la semilla la planta viva. Después de emplear sus esfuerzos hasta el límite máximo, el hombre debe depender aún de Aquel que ha unido la siembra a la cosecha con eslabones maravillosos de su propio poder omnipotente.

EL DESARROLLO DE LA VIDA

Hay vida en la semilla, hay poder en el terreno; pero a menos que se ejerza día y noche el poder infinito, la semilla no dará frutos. Deben caer las lluvias para dar humedad a los campos sedientos, el sol debe impartir calor, debe comunicarse electricidad a la semilla enterrada. El Creador es el único que puede hacer surgir la vida que él ha implantado. Cada semilla crece, cada planta se desarrolla por el poder de Dios.

"Como la tierra produce su renuevo, y como el huerto hace brotar su semilla, así Jehová el Señor hará brotar justicia y alabanza".[1] Como la siembra natural, así también ocurre en la espiritual; el maestro de la verdad debe tratar de preparar el terreno del corazón; debe sembrar la semilla; pero únicamente el poder de Dios puede producir la vida. Hay un punto más allá del cual son vanos los esfuerzos humanos. Si bien es cierto que hemos de predicar la Palabra, no podemos impartir el poder que vivificará el alma y hará que broten la justicia y la alabanza. En la predicación de la Palabra debe obrar un agente que esté más allá del poder humano. Sólo mediante el Espíritu divino será viviente y poderosa la palabra para renovar el alma para vida eterna. Esto es lo que Cristo se esforzó por inculcar a sus discípulos. Les enseñó que ninguna cosa de las que poseían en sí mismos les daría éxito en su obra, sino que el poder milagroso de Dios es el que da eficiencia a su propia palabra.

La siembra es una obra de fe

La obra del sembrador es una obra de fe. El no puede entender el misterio de la germinación y el crecimiento de la semilla, pero tiene confianza en los medios por los cuales Dios hace florecer la vegetación. Al arrojar su semilla en el terreno, aparentemente está tirando el precioso grano que podría proporcionar pan para su familia, pero no hace sino renunciar a un bien presente para recibir una cantidad mayor. Tira la semilla, esperando recogerla multiplicada muchas veces en una abundante cosecha. Así han de trabajar los siervos de Cristo, esperando una cosecha de la semilla que siembran.

Quizá durante algún tiempo la buena semilla permanezca inadvertida en un corazón frío, egoísta y mundano, sin dar evidencia de que se ha arraigado en él; pero después, cuando el Espíritu de Dios da su aliento al alma, brota la semilla oculta, y al fin da fruto para la gloria de Dios. En la obra de nuestra vida no sabemos qué prosperará, si esto o aquello. No es una cuestión que nos toque decidir. Hemos de hacer nuestro trabajo y dejar a Dios los resultados. "Por la mañana siembra tu semilla, y a la tarde no dejes reposar tu mano".[2] El gran pacto de Dios declara que "mientras la tierra permanezca, no cesarán la sementera y la siega".[3] Confiando en esta promesa, ara y siembra el agricultor. No menos confiadamente hemos de trabajar nosotros en la siembra espiritual, confiando en su promesa: "Así será mi palabra que sale de mi boca; no volverá a mí vacía, sino que hará lo que yo quiero, y será prosperada en aquello para que la envié". "Irá andando y llorando el que lleva la preciosa semilla; mas volverá a venir con regocijo, trayendo sus gavillas".[4]

La germinación de la semilla representa el comienzo de la vida espiritual, y el desarrollo de la planta es una bella figura del crecimiento cristiano. Como en la naturaleza, así también en la gracia no puede haber vida sin crecimiento. La planta debe crecer o morir. Así como su crecimiento es silencioso e imperceptible, pero continuo, así es el desarrollo de la vida cristiana. En cada grado de desarro-

llo, nuestra vida puede ser perfecta; pero, si se cumple el propósito de Dios para con nosotros, habrá un avance continuo. La santificación es la obra de toda la vida. Con la multiplicación de nuestras oportunidades, aumentará nuestra experiencia y se acrecentará nuestro conocimiento. Llegaremos a ser fuertes para llevar nuestras responsabilidades, y nuestra madurez estará en relación con nuestros privilegios.

La planta crece al recibir lo que Dios ha provisto para sustentar su vida. Hace penetrar sus raíces en la tierra. Absorbe la luz del sol, el rocío y la lluvia. Recibe las propiedades vitalizadoras del aire. Así el cristiano ha de crecer cooperando con los agentes divinos. Sintiendo nuestra impotencia, hemos de aprovechar todas las oportunidades que se nos dan para adquirir una experiencia más amplia. Así como la planta se arraiga en el suelo, así hemos de arraigarnos profundamente en Cristo. Así como la planta recibe la luz del sol, el rocío y la lluvia, hemos de abrir nuestro corazón al Espíritu Santo. Ha de hacerse la obra, "no con ejército, ni con fuerza, sino con mi Espíritu, ha dicho Jehová de los ejércitos".[5] Si conservamos nuestra mente fija en Cristo, él vendrá a nosotros "como la lluvia, como la lluvia tardía y temprana a la tierra". Como el Sol de justicia, se levantará sobre nosotros, "y en sus alas traerá salvación". Florecemos "como lirio". Seremos "vivificados como trigo", y floreceremos "como la vid".[6] Al depender constantemente de Cristo como nuestro Salvador personal, creceremos en él en todas las cosas, en Aquel que es la cabeza.

El trigo desarrolla "primero hierba, luego espiga, después grano lleno en la espiga". El objeto del agricultor al sembrar la semilla y cultivar la planta creciente es la producción de grano. Desea pan para el hambriento y semilla para las cosechas futuras. Así también el Agricultor divino espera una cosecha como premio de su labor y sacrificio. Cristo está tratando de reproducirse a sí mismo en el corazón de los hombres; y esto lo hace mediante los que creen en él. El objeto de la vida cristiana es llevar fruto, la reproducción del carácter de Cristo en el creyente, para que ese mismo carácter pueda reproducirse en otros.

La planta no germina, crece o da fruto para sí misma, sino que da "semilla al que siembra, y pan al que come".[7] Así ningún hombre ha de vivir para sí mismo. El cristiano está en el mundo como representante de Cristo, para la salvación de otras almas.

No puede haber crecimiento o fructificación en la vida que se centraliza en el yo. Si habéis aceptado a Cristo como vuestro Salvador personal, habéis de olvidar vuestro yo y tratar de ayudar a otros. Hablad del amor de Cristo, de su bondad. Cumplid con todo deber que se presente. Llevad la preocupación de las almas sobre vuestro corazón, y por todos los medios que estén a vuestro alcance tratad de salvar a los perdidos. A medida que recibáis el Espíritu de Cristo —el espíritu de amor desinteresado y de trabajo por otros—, iréis creciendo y dando frutos. Las gracias del Espíritu madurarán en vuestro carácter. Se aumentará vuestra fe, vuestras convicciones se profundizarán, vuestro amor se perfeccionará. Reflejaréis más y más la semejanza de Cristo en todo lo que es puro, noble y bello.

"El fruto del Espíritu es amor, gozo, paz, paciencia, benignidad, bondad, fe, mansedumbre, templanza".[8] Este fruto nunca puede perecer, sino que producirá una cosecha, según su género, para vida eterna.

"Cuando el fruto está maduro, en seguida se mete la hoz, porque la siega ha llegado". Cristo espera con un deseo anhelante la manifestación de sí mismo en su iglesia. Cuando el carácter de Cristo sea perfectamente reproducido en su pueblo, entonces vendrá él para reclamarlos como suyos.

Todo cristiano tiene la oportunidad no sólo de esperar, sino de apresurar la venida de nuestro Señor Jesucristo.[9] Si todos los que profesan el nombre de Cristo llevaran fruto para su gloria, cuán prontamente se sembraría en todo el mundo la semilla del Evangelio. Rápidamente maduraría la gran cosecha final y Cristo vendría para recoger el precioso grano.

1. Isaías 61:11.
2. Eclesiastés 11:6.
3. Génesis 8:22.
4. Isaías 55:11; Salmo 126:6.
5. Zacarías 4:6.
6. Oseas 6:3; Malaquías 4:2; Oseas 14:5, 7.
7. Isaías 55:10.
8. Gálatas 5:22-23.
9. 2 S. Pedro 3:12.

POR QUE EXISTE EL MAL

"Les refirió otra parábola diciendo: El reino de los cielos es semejante a un hombre que sembró buena semilla en su campo; pero mientras dormían los hombres, vino su enemigo y sembró cizaña entre el trigo, y se fue. Y cuando salió la hierba y dio fruto, entonces apareció también la cizaña".

"El campo —dijo Jesús— es el mundo". Pero debemos entender que esto significa la iglesia de Cristo en el mundo. La parábola es una descripción de lo que pertenece al reino de Dios, su obra por la salvación de los hombres; y esta obra se realiza por medio de la iglesia. En verdad, el Espíritu Santo ha salido a todo el mundo; por todas partes obra en los corazones de los hombres; pero es en la iglesia donde hemos de crecer y madurar para el alfolí de Dios.

"El que siembra la buena semilla es el Hijo del Hombre... La buena semilla son los hijos del reino, y la cizaña son los hijos del malo". La buena semilla representa a aquellos que son nacidos de la Palabra de Dios, de la verdad. La cizaña representa a una clase que constituye los frutos o la personificación del error o los falsos principios. "El enemigo que la sembró, es el diablo". Ni Dios ni sus ángeles han sembrado jamás una semilla que produjese cizaña. La cizaña es sembrada siempre por Satanás, el enemigo de Dios y del hombre.

En el Oriente, los hombres se vengaban a veces de un enemigo esparciendo en sus campos recién sembrados semillas de alguna hierba nociva que, mientras crecía, se parecía mucho al trigo. Brotando conjuntamente con el trigo, dañaba la cosecha e imponía dificultades y pérdidas al dueño del campo. Así, a causa de la enemistad hacia Cristo, Satanás esparce sus malas semillas entre el buen grano del reino. Y atribuye el fruto de esta siembra al Hijo de Dios. Trayendo al seno de la iglesia a aquellos que llevan el nombre de Cristo pero que niegan su carácter, el maligno hace que Dios sea deshonrado, que la obra de la salvación quede falseada

31

y que las almas peligren.

Los siervos de Cristo se entristecen al ver a los verdaderos y los falsos creyentes mezclados en la iglesia. Anhelan hacer algo para limpiar la iglesia. Como los siervos del padre de familia, están listos para desarraigar la cizaña. Pero Cristo les dice: "No, no sea que al arrancar la cizaña, no arranquéis también con ella el trigo. Dejad crecer juntamente lo uno y lo otro hasta la siega".

Cristo ha enseñado claramente que aquellos que persisten en pecados manifiestos deben ser separados de la iglesia; pero no nos ha encomendado la tarea de juzgar el carácter y los motivos. El conoce demasiado bien nuestra naturaleza para confiarnos esta obra a nosotros. Si tratásemos de extirpar de la iglesia a aquellos que suponemos cristianos falsos, cometeríamos seguramente errores. A menudo consideramos sin esperanza a los mismos a quienes Cristo está atrayendo hacia sí. Si tuviéramos nosotros que tratar con estas almas de acuerdo con nuestro juicio imperfecto tal vez ello extinguiría su última esperanza. Muchos que se creen cristianos serán hallados faltos al fin. En el cielo habrá muchos de quienes sus prójimos suponían que nunca entrarían allí. El hombre juzga por la apariencia, pero Dios juzga el corazón. La cizaña y el trigo han de crecer juntamente hasta la cosecha; y la cosecha es el fin del tiempo de gracia.

Existe otra lección en las palabras del Salvador, una lección de maravillosa clemencia y tierno amor. Así como la cizaña tiene raíces estrechamente entrelazadas con las del buen grano, los falsos cristianos en la iglesia pueden estar estrechamente unidos con los verdaderos discípulos. El verdadero carácter de estos fingidos creyentes no es plenamente manifiesto. Si se los separase de la iglesia, se haría tropezar a otros que, de no mediar esto,

habrían permanecido firmes.

La enseñanza de esta parábola queda ilustrada en el propio trato de Dios con los hombres y los ángeles. Satanás es un engañador. Cuando él pecó en el cielo, aun lo ángeles leales no discernieron plenamente su carácter. Esta es la razón por la cual Dios no destruyó en el acto a Satanás. Si lo hubiese hecho, los santos ángeles no hubieran percibido la justicia y el amor de Dios. Una duda acerca de la bondad de Dios habría sido una mala semilla productora de amargos frutos de pecado y dolor. Por lo tanto, el autor del mal fue dejado con vida hasta que desarrollase plenamente su carácter. A través de las largas edades, Dios ha soportado la angustia de contemplar la obra del mal, y ha otorgado el infinito Don del Calvario antes de permitir que alguien fuese engañado por las falsas interpretaciones del maligno; pues la cizaña no podía ser extirpada sin peligro de desarraigar también el grano precioso. ¿Y no seremos nosotros tan tolerantes para con nuestros semejantes como el Señor del cielo y de la tierra lo es con Satanás?

El mundo no tiene derecho a dudar de la verdad del cristianismo porque en la iglesia haya miembros indignos, ni debieran los cristianos descorazonarse a causa de esos falsos hermanos. ¿Qué ocurrió en la iglesia primitiva? Ananías y Safira se unieron con los discípulos. Simón el mago fue bautizado. Demas, que desamparó a Pablo, había sido contado como creyente. Judas Iscariote figuró entre los apóstoles. El Redentor no quiere perder un alma; su trato con Judas fue registrado para mostrar su larga paciencia con la perversa naturaleza humana; y nos ordena que seamos indulgentes como él lo fue. El dijo que los falsos hermanos se hallarán en la iglesia hasta el fin del tiempo.

A pesar de la amonestación de Cristo,

los hombres han tratado de extirpar la cizaña. Para castigar a aquellos que se suponía eran obradores de maldad, la iglesia ha recurrido al poder civil. Aquellos que diferían en sus opiniones de las doctrinas establecidas han sido encarcelados, torturados y muertos, a instigación de hombres que aseveraban estar obrando bajo la sanción de Cristo. Pero es el espíritu de Satanás y no el de Cristo el que inspira tales actos. Es el mismo método que usa Satanás para conquistar el mundo. Dios ha sido falsamente representado por la iglesia a causa de esta forma de tratar con aquellos que se suponía eran herejes.

La parábola de Cristo nos enseña a ser humildes y a desconfiar de nosotros mismos, y a no juzgar ni condenar a los demás. No todo lo que se siembra en los campos es buena simiente. El hecho de que los hombres se hallen en el seno de la iglesia no prueba que sean cristianos.

La cizaña era muy parecida al trigo mientras estaba verde; pero cuando el campo se ponía blanco para la siega, las hierbas sin valor no tenían ninguna semejanza con el trigo que se doblaba bajo el peso de sus llenas y maduras espigas. Los pecadores que hacen alarde de piedad se mezclan por un tiempo con los verdaderos seguidores de Cristo, y su apariencia de cristianismo tiene por fin engañar a muchos; pero en la cosecha del mundo no habrá ninguna semejanza entre lo bueno y lo malo. Entonces aquellos que se han unido a la iglesia, pero no se han unido a Cristo, serán manifestados.

Se permite que la cizaña crezca entre el trigo, que tenga todas las ventajas del sol y de la lluvia, pero en el tiempo de la siega, vosotros "os volveréis, y discerniréis la diferencia entre el justo y el malo, entre el que sirve a Dios y el que no le sirve".[1] Cristo mismo decidirá quiénes son dignos de vivir con la familia del cielo. El juzgará a cada hombre de acuerdo con sus palabras y sus obras. El hacer profesión de piedad no pesa nada en la balanza. Es el carácter lo que decide el destino.

El Salvador no nos señala un tiempo en que toda la cizaña se convertirá en trigo. El trigo y la cizaña crecen juntamente hasta el tiempo de la cosecha, el fin del mundo. Entonces la cizaña se ata en manojos para ser quemada, y el trigo se junta en el granero de Dios. "Entonces los justos resplandecerán como el sol en el reino de su Padre". Entonces "enviará el Hijo de Dios a sus ángeles, y recogerán de su reino a todos los que sirven de tropiezo, y a los que hacen iniquidad, y los echarán en el horno de fuego; allí será el lloro y el crujir de dientes".

1. Malaquías 3:18.

Basado en S. Mateo 13:31-32;
S. Marcos 4:30-32; S. Lucas 13:18-19.

LA SEMILLA DE MOSTAZA

Entre la multitud que escuchaba las enseñanzas de Cristo había muchos fariseos. Estos notaron desdeñosamente cuán pocos de sus oyentes lo reconocían como el Mesías. Y discutían entre sí cómo este modesto maestro podría exaltar a Israel al dominio universal. Sin riquezas, poder u honor, ¿cómo había de establecer el nuevo reino? Cristo leyó sus pensamientos y les contestó:

"¿A qué haremos semejante el reino de Dios, o con qué parábola lo compararemos?" Entre los gobiernos terrenales no había nada que pudiera servir para establecer una semejanza. Ninguna sociedad civil podía proporcionarle un símbolo. "Es como el grano de mostaza —dijo él—, que cuando se siembra en tierra, es la más pequeña de todas las semillas que hay en la tierra; pero después de sembrada, crece, y se hace la mayor de todas las hortalizas, y echa grandes ramas, de tal manera que las aves del cielo pueden morar bajo su sombra".

El germen que se haya en la semilla crece en virtud del desarrollo del principio de vida que Dios ha implantado en él. Su desarrollo no depende del poder humano. Tal ocurre con el reino de Cristo. Es una nueva creación. Sus principios de desarrollo son opuestos a los que rigen los reinos de este mundo. Los gobiernos terrenales prevalecen por la fuerza física; mantienen su dominio por la guerra; pero el Fundador del nuevo reino es el Príncipe de Paz. El Espíritu Santo representa a los reinos del mundo bajo el símbolo de bestias fieras de rapiña; pero Cristo es el "Cordero de Dios, que quita el pecado del mundo".[1] En su plan de gobierno no hay empleo de fuerza bruta para forzar la conciencia. Los judíos esperaban que el reino de Dios se estableciese en la misma forma que los reinos del mundo. Para promover la justicia ellos recurrieron a las medidas externas. Trazaron métodos y planes. Pero Cristo implanta un principio. Inculcando la verdad y la justicia, contrarresta el error y el pecado.

34

LA SEMILLA DE MOSTAZA

El reino de Cristo

Mientras Jesús presentaba esta parábola, podían verse plantas de mostaza lejos y cerca, elevándose por sobre la hierba y los cereales, meciendo suavemente sus ramas en el aire. Los pájaros revoloteaban de rama en rama, y cantaban en medio de su frondoso follaje. Sin embargo, la semilla que dio origen a estas plantas gigantes era una de las más pequeñas. Al principio proyectó un tierno brote; pero era de una potente vitalidad, y creció y floreció hasta que alcanzó el gran tamaño que entonces tenía. Así el reino de Cristo al principio parecía humilde e insignificante. Comparado con los reinos de la tierra parecía el menor de todos. La aseveración de Cristo de que era rey fue ridiculizada por los gobernantes de este mundo. Sin embargo, en las grandes verdades encomendadas a los seguidores de Cristo, el reino del Evangelio poseía una vida divina. ¡Y cuán rápido fue su crecimiento, cuán amplia su influencia! Cuando Cristo pronunció esta parábola, había solamente unos pocos campesinos galileos que representaban el nuevo reino. Su pobreza, lo escaso de su número, era presentado repetidas veces como razón por la cual los hombres no debían unirse con estos sencillos pescadores que seguían a Jesús. Pero la semilla de mostaza había de crecer y extender sus ramas a través del mundo. Cuando pereciesen los gobiernos terrenales, cuya gloria llenaba entonces los corazones humanos, el reino de Cristo seguiría siendo una fuerza poderosa y de vasto alcance.

De esta manera, la obra de gracia en el corazón es pequeña en su comienzo. Se habla una palabra, un rayo de luz brilla en el alma, se ejerce una influencia que es el comienzo de una nueva vida; ¿y quién puede medir sus resultados?

En la parábola de la semilla de mostaza no sólo se ilustra el crecimiento del reino de Cristo, sino que en cada etapa de su crecimiento la experiencia representada en la parábola se repite. Dios tiene una verdad especial y una obra especial para su iglesia en cada generación. La verdad, oculta a los hombres sabios y prudentes del mundo, es revelada a los humildes y a los que son como niños. Exige sacrificios. Presenta batallas que luchar y victorias que ganar. Al principio son pocos los que la defienden. Ellos son contrarrestados y desdeñados por los grandes hombres del mundo y la iglesia que se conforma al mundo. Ved a Juan el Bautista, el precursor de Cristo, solo, reprendiendo el orgullo y el formalismo de la nación judía. Ved a los primeros portadores del Evangelio a Europa. Cuán oscura, cuán desesperada parecía la misión de Pablo y Silas, los dos fabricantes de tiendas, cuando, junto con sus compañeros, tomaron el barco en Troas para Filipo. Ved a "Pablo el anciano", encadenado, predicando a Cristo en la fortaleza de los Césares. Ved las pequeñas comunidades de esclavos y labriegos en conflicto con el paganismo de la Roma imperial. Ved a Martín Lutero oponiéndose a la poderosa iglesia que es la obra maestra de la sabiduría del mundo. Vedle aferrándose a la Palabra de Dios frente al emperador y al papa, declarando: "Aquí hago mi decisión; no puedo hacer de otra manera. Que Dios me ayude". Ved a Juan Wesley predicando a Cristo y su justicia en medio del formalismo, el sensualismo y la incredulidad. Ved a un hombre agobiado por los clamores del mundo pagano, suplicando el privilegio de llevarles el mensaje de amor de Cristo. Escuchad la respuesta de la iglesia: "Siéntese, joven; cuando Dios quiera convertir a los paganos lo hará sin su ayuda ni la mía".

Los grandes dirigentes del pensamiento religioso de esta generación hacen sonar las alabanzas y edifican los monumentos de aquellos que plantaron hace siglos la semilla de la verdad. ¿Pero acaso no son muchos los que pisotean el crecimiento que brota de la misma semilla hoy en día? Se repite el antiguo clamor: "Nosotros *sabemos* que Dios ha hablado a Moisés; pero respecto a ése [Cristo en la persona del mensajero que envía], no sabemos de dónde sea".[2] Así como en los primeros siglos, las verdades especiales para este tiempo se hallan, no en posesión de las autoridades eclesiásticas, sino de los hombres y las mujeres que no son demasiado sabios o demasiado instruidos para creer en la Palabra de Dios.

"Pues mirad, hermanos, vuestra vocación, que no sois muchos sabios según la carne, ni muchos poderosos, ni muchos nobles; sino que lo necio del mundo escogió Dios, para avergonzar a los sabios; y lo débil del mundo escogió Dios, para avergonzar lo fuerte; y lo vil del mundo y lo menospreciado escogió Dios, y lo que no es, para deshacer lo que es"; "para que vuestra fe no esté fundada en la sabiduría de los hombres, sino en el poder de Dios".[3]

Y en esta última generación la parábola de la semilla de mostaza ha de alcanzar un notable y triunfante cumplimiento. la pequeña simiente llegará a ser un árbol. El último mensaje de amonestación y misericordia ha de ir a "toda nación, tribu, lengua y pueblo"[4] "para tomar de ellos pueblo para su nombre".[5] "Y la tierra fue alumbrada con su gloria".[6]

1. S. Juan 1:29.
2. S. Juan 9:29.
3. 1 Corintios 1:26-28; 2:5.
4. Apocalipsis 14:6.
5. Hechos 15:14.
6. Apocalipsis 18:1.

COMO INSTRUIR Y GUARDAR A LOS HIJOS

Pueden enseñarse en la familia y en la escuela preciosas lecciones deducidas de la obra de la siembra y de la forma en que la planta se desarrolla de una semilla. Aprendan los niños y los jóvenes a reconocer en las cosas naturales la obra de los agentes divinos, y serán capaces de posesionarse por la fe de beneficios invisibles. Cuando lleguen a entender la obra maravillosa que Dios hace para suplir las necesidades de su gran familia, y cómo hemos de cooperar con él, tendrán más fe en Dios, y tendrán más de su poder manifestado en su propia vida diaria.

Dios creó la semilla, como creó la tierra, mediante su palabra. Por su palabra él le dio el poder de crecer y multiplicarse. Dijo: "Produzca la tierra hierba verde, hierba que dé semilla; árbol de fruto que dé fruto según su género, que su semilla esté en él, sobre la tierra. Y fue así... Y vio Dios que era bueno".[1] Es esa palabra la que todavía hace que brote la semilla. Toda semilla que hace subir su verde espiga a la luz del sol, declara el milagroso poder de esa palabra pronunciada por Aquel que "dijo, y fue hecho", que "mandó, y existió".[2]

Cristo enseñó a sus discípulos a orar: "El pan nuestro de cada día, dánoslo hoy". Y señalando las flores, él les dio la seguridad: "Y si la hierba del campo... Dios la viste así, ¿no hará mucho más a vosotros?"[3] Cristo está constantemente trabajando para contestar esta oración y para cumplir esta promesa. Hay un poder invisible que está continuamente obrando como siervo del hombre para alimentarlo y vestirlo. Nuestro Señor emplea muchos agentes para hacer de la semilla aparentemente tirada, una planta viva. Y él suple en la debida proporción todo lo que se necesita para perfeccionar la cosecha. He ahí las hermosas palabras del salmista:

"Visitas la tierra, y la riegas;
en gran manera la enriqueces;
con el río de Dios, lleno de aguas,
preparas el grano de ellos,
cuando así la dispones.
Haces que se empapen sus surcos,
haces descender sus canales;

la ablandas con lluvias,
bendices sus renuevos.
Tú coronas el año con tus bienes,
y tus nubes destilan grosura".[4]

El mundo material se halla bajo el dominio de Dios. Las leyes de la naturaleza son obedecidas por la naturaleza. Todo expresa y obra la voluntad del Creador. La nube y la luz del sol, el rocío y la lluvia, el viento y la tormenta, todo se halla bajo la vigilancia divina, y rinde implícita obediencia a su mandato. Es en obediencia a la ley de Dios como el tallo del grano sube a través de la tierra, "primero hierba, luego espiga, después grano lleno en la espiga".[5] El Señor desarrolla estas etapas a su debido tiempo porque no se oponen a su obra. ¿Y será posible que el hombre, hecho a la imagen de Dios, dotado del raciocinio y del habla, sea el único que no aprecie sus dones y desobedezca su voluntad? ¿Serán los seres racionales los únicos que causen confusión en nuestro mundo?

En todas las cosas que tienden al sostén del hombre, se nota la concurrencia del esfuerzo divino y del humano. No puede haber cosecha a menos que la mano humana haga su parte en la siembra de la semilla. Pero sin los agentes que Dios provee al dar el sol y la lluvia, el rocío y las nubes, no habría crecimiento. Tal ocurre en la prosecución de todo negocio, en todo ramo de estudio y en toda ciencia. Y así ocurre también en las cosas espirituales, en la formación del carácter, y en todo ramo de la obra cristiana. Tenemos una parte que cumplir, pero debemos tener el poder de la Divinidad para unirlo con el nuestro, o nuestros esfuerzos serán vanos.

Cuando quiera que el hombre alcanza algo, sea en lo espiritual o en lo temporal, debe recordar que lo hace por medio de la cooperación con su Hacedor. Necesitamos grandemente comprender nuestra dependencia de Dios. Se confía demasiado en los hombres, y en las invenciones humanas. Hay muy poca confianza en el poder que Dios está listo para dar. "Somos colaboradores de Dios".[6] Inmensamente inferior es la parte que lleva a cabo el agente humano; pero si está unido con la divinidad de Cristo, puede hacer todas las cosas por medio de la fuerza que él imparte.

El desarrollo gradual de la planta, desde la semilla, ilustra el proceso de la crianza del niño.

Hay "primero hierba, luego espiga, después grano lleno en la espiga". Aquel que dio esta parábola creó la semillita, le dio sus propiedades vitales, y ordenó las leyes que rigen su crecimiento. Y las verdades que enseña la parábola se convirtieron en una viviente realidad en la vida de Cristo. Tanto en su naturaleza física como en la espiritual él siguió el orden divino del crecimiento ilustrado por la planta, así como desea que todos los jóvenes lo hagan. Aunque era la Majestad del cielo, el Rey de la gloria, nació como un niño en Belén, y durante un tiempo representó a la infancia desvalida mientras su madre lo cuidaba. En la niñez hizo las obras de un niño obediente. Habló y actuó con la sabiduría de un niño y no con la de un hombre, honrando a sus padres y cumpliendo sus deseos en formas útiles, de acuerdo con la capacidad de un niño. Pero en cada etapa de su desarrollo era perfecto, con la sencilla y natural gracia de una vida exenta de pecado. El registro sagrado dice de su niñez: "El niño crecía y se fortalecía, y se llenaba de sabiduría; y la gracia de Dios era sobre él". Y de su juventud se registra: "Jesús crecía en sabiduría y en estatura, y en gracia para con Dios y los hombres".[7]

Aquí se sugiere la obra de los padres y

los maestros. Deben procurar cultivar las tendencias de la juventud para que en cada etapa de su vida puedan representar la belleza natural propia de aquel período, desarrollándose naturalmente como las plantas en el jardín.

Los niños exentos de orgullo y que actúan con naturalidad son los más atractivos. No es prudente darles atención especial, y repetir delante de ellos sus agudezas. No se debe estimular la vanidad alabando su apariencia, sus palabras o sus acciones. Ni deben vestirse de manera costosa y llamativa. Esto aumenta el orgullo en ellos y despierta la envidia en el corazón de sus compañeros.

Debe cultivarse en los pequeños la sencillez de la niñez. Debe enseñárseles a estar contentos con los pequeños deberes útiles, y el placer y los incidentes propios de sus años. La niñez corresponde a la hierba de la parábola, y la hierba tiene una belleza peculiarmente suya. No se debe forzar a los niños a una madurez precoz, sino que debe retenerse tanto tiempo como sea posible la frescura y la gracia de sus primeros años.

Los niñitos pueden llegar a ser cristianos aunque tengan una experiencia proporcionada a sus años. Esto es todo lo que Dios espera de ellos. Deben ser educados en las cosas espirituales; y los padres deben darles toda la oportunidad que puedan para la formación de su carácter a semejanza del de Cristo.

La ley de la causa y el efecto

En las leyes por las cuales Dios rige la naturaleza, el efecto sigue a la causa con certeza infalible. La siega testificará de lo que fue la siembra. El obrero perezoso será condenado por su obra. La cosecha testifica contra él. Así también en las cosas espirituales: se mide la fidelidad de cada obrero por los resultados de su obra.

El carácter de su obra, sea él diligente o perezoso, se revela por la cosecha. Así se decide su destino para la eternidad.

Cada semilla sembrada produce una cosecha de su especie. Así también es en la vida humana. Todos debemos sembrar las semillas de compasión, simpatía y amor, porque hemos de recoger lo que sembramos. Toda característica de egoísmo, amor propio, estima propia, todo acto de complacencia propia, producirá una cosecha semejante. El que vive para sí está sembrando para la carne, y de la carne cosechará corrupción.

Dios no destruye a ningún hombre. Todo hombre que sea destruido se habrá destruido a sí mismo. Todo el que ahogue las amonestaciones de la conciencia está sembrando las semillas de la incredulidad, y éstas producirán una segura cosecha. Al rechazar la primera amonestación de Dios, el faraón de la antigüedad sembró las semillas de la obstinación, y cosechó obstinación. Dios no lo forzó a la incredulidad.

La semilla de la incredulidad que él sembró, produjo una cosecha según su especie. Así fue que continuó su resistencia, hasta que vio a su país devastado y contempló el cuerpo frío de su primogénito y los primogénitos de todos los que estaban en su casa y de todas las familias de su reino, hasta que las aguas cubrieron sus caballos, sus carros y sus guerreros. Su historia es una tremenda ilustración de la verdad de las palabras de que "todo lo que el hombre sembrare, eso también segará".[8] Si los hombres comprendieran esto, tendrían cuidado de la semilla que siembran.

Puesto que la semilla sembrada produce una cosecha, y ésta a su vez es sembrada, la cosecha se multiplica. Esta ley se cumple en nuestra relación con otros. Cada acto, cada palabra, es una semilla

que llevará fruto. Cada acto de bondad bien pensado, de obediencia o de abnegación, se reproducirá en otros, y por medio de ellos, todavía en otros, así como cada acto de envidia, malicia o disensión es una semilla que brotará en "raíz de amargura",[9] con la cual muchos serán contaminados. ¡Y cuánto mayor será el número de los envenenados por los "muchos"! Así prosigue la siembra del bien y del mal para el tiempo y la eternidad.

La liberalidad, tanto en lo espiritual como en las cosas temporales, se enseña en la lección de la semilla sembrada. El Señor dice: "Dichosos vosotros los que sembráis junto a todas las aguas".[10] "Pero esto digo: El que siembra escasamente, también segará escasamente; y el que siembra generosamente, generosamente también segará".[11] El sembrar junto a todas las aguas significa impartir continuamente los dones de Dios. Significa dar dondequiera que la causa de Dios o las necesidades de la humanidad demanden nuestra ayuda. Esto no ocasionará la pobreza. "El que siembra generosamente, generosamente también segará". El sembrador multiplica su semilla esparciéndola. Tal ocurre con aquellos que son fieles en la distribución de los dones de Dios. Impartiendo sus bendiciones, éstas aumentan. Dios les ha prometido una cantidad suficiente a fin de que puedan continuar dando. "Dad, y se os dará; medida buena, apretada, remecida y rebosando darán en vuestro regazo".[12]

Y abarca más que esto la siembra y la cosecha. Cuando distribuimos las bendiciones temporales de Dios, la evidencia de nuestro amor y simpatía despierta en el que las recibe la gratitud y el agradecimiento a Dios. Se prepara el terreno del corazón para recibir las semillas de verdad espiritual. Y el que proporciona la semilla al sembrador hará que éstas germinen y lleven fruto para vida eterna.

Cristo representó su sacrificio redentor por medio del grano echado en la tierra. "Si el grano de trigo no cae en la tierra —dijo Jesús—, y muere, queda solo; pero si muere, lleva mucho fruto".[13] Así la muerte de Cristo producirá frutos para el reino de Dios. De acuerdo con la ley del reino vegetal, la vida será el resultado de su muerte.

Y todos los que produzcan frutos como obreros juntamente con Cristo, deben caer primero en la tierra y morir. La vida debe ser echada en el surco de las necesidades del mundo. Deben perecer el amor propio y el egoísmo. Pero la ley del sacrificio propio es la ley de la preservación propia. La semilla enterrada en el suelo produce fruto, y a su vez éste es sembrado. Así se multiplica la cosecha. El agricultor conserva su grano esparciéndolo. Así en la vida humana: dar es vivir. La vida que se preservará será la vida que se dé liberalmente en servicio a Dios y los hombres. Los que sacrifican su vida por Cristo en este mundo, la conservarán eternamente.

La semilla muere para brotar en forma de nueva vida, y en esto se nos enseña la lección de la resurrección. Todos los que aman a Dios vivirán otra vez en el Edén celestial. Dios ha dicho de los cuerpos humanos que yacen en la tumba para convertirse en polvo: "Se siembra en corrupción, resucitará en incorrupción. Se siembra en deshonra, resucitará en gloria; se siembra en debilidad, resucitará en poder".[14]

Tales son unas pocas de las muchas lecciones enseñadas por la parábola viviente del sembrador y la semilla que encontramos en la naturaleza. Cuando los padres y los maestros procuran enseñar estas lecciones, deben hacerlo en una forma práctica. Aprendan los niños por sí mismos a preparar el terreno y a sembrar la semilla. Cuando trabaja el padre o maestro puede explicarles acerca del jardín del corazón y la buena o mala semilla que allí se siembra, y así como el jardín puede prepararse para la semilla natural, debe prepararse el corazón para la semilla de la verdad. Cuando esparcen la semilla en el terreno, pueden enseñar la lección de la muerte de Cristo, y cuando surge la espiga, la verdad de la resurrección. Cuando crecen las plantas, puede continuarse con la relación entre la siembra natural y la espiritual.

A los jóvenes debe instruírselos en una forma semejante. Debe enseñárseles a trabajar el terreno. Sería bueno que todas las escuelas tuvieran terreno para el cultivo. Tales terrenos deberían ser considerados como el aula de Dios. Deben considerarse las cosas de la naturaleza como un libro de texto que han de estudiar los hijos de Dios, y del cual pueden obtener conocimiento relativo al cultivo del alma.

Al trabajar el terreno, al disciplinarlo y sojuzgarlo, han de aprenderse lecciones continuamente. Nadie pensaría en establecerse sobre un terreno inculto, esperando que de repente produjera una cosecha. Se necesitan fervor, diligencia y labor perseverante para preparar el terreno para la semilla. Así es en la obra espiritual en el corazón humano. Los que quieran beneficiarse con el cultivo del suelo, deben avanzar con la palabra de Dios en su corazón. Encontrarán entonces que el terreno descuidado del corazón ha sido roturado por la influencia subyugadora del Espíritu Santo. A menos que el terreno

sea objeto de arduo trabajo, no rendirá cosecha. Así también es el terreno del corazón: el Espíritu de Dios debe trabajar en él para refinarlo y disciplinarlo, antes de que pueda dar fruto para la gloria de Dios.

El terreno no producirá sus riquezas cuando sea trabajado impulsivamente. Necesita una atención diaria y cuidadosa. Debe ser arado frecuente y profundamente, a fin de mantenerlo libre de las malezas que se alimentan de la buena semilla sembrada. Así preparan la cosecha los que aran y siembran. Nadie debe permanecer en el campo en medio del triste fracaso de sus esperanzas.

La bendición del Señor descansará sobre los que así trabajan la tierra, aprendiendo lecciones espirituales de la naturaleza. Al cultivar el terreno, el obrero sabe poco de los tesoros que se abrirán delante de él. Si bien es cierto que no ha de despreciar la instrucción que pueda recibir de los que tienen experiencia en la obra, y la información que puedan impartirle los hombres inteligentes, debe obtener lecciones por sí mismo. Esta es una parte de su educación. El cultivo del terreno llegará a ser una educación para el alma.

El que hace que brote la semilla y la cuida día y noche, el que le da poder para que se desarrolle, es el Autor de nuestro ser, el Rey del cielo, y él ejerce un cuidado e interés aun mayores hacia sus hijos. Mientras el sembrador humano está sembrando la semilla que mantiene nuestra vida terrenal, el Sembrador divino sembrará en el alma la semilla que dará frutos para vida eterna.

1. Génesis 1:11-12.
2. Salmo 33:9.
3. S. Mateo 6:11, 30.
4. Salmo 65:9-11.
5. S. Marcos 4:28.
6. 1 Corintios 3:9.
7. S. Lucas 2:40, 52.
8. Gálatas 6:7.
9. Hebreos 12:15.
10. Isaías 32:20.
11. 2 Corintios 9:6.
12. S. Lucas 6:38.
13. S. Juan 12:24.
14. 1 Corintios 15:42-43.

Basado en S. Lucas 18:1-8.

JUSTICIA GARANTIZADA

Cristo había estado hablando del período que habría de preceder inmediatamente a su segunda venida, y de los peligros por los cuales deberían pasar sus discípulos. Con referencia especial a ese tiempo relató la parábola "sobre la necesidad de orar siempre, y no desmayar".

"Había en una ciudad un juez dijo él—, que ni temía a Dios, ni respetaba a hombre. Había también en aquella ciudad una viuda, la cual venía a él, diciendo: Hazme justicia de mi adversario. Y él no quiso por algún tiempo; pero después de esto dijo dentro de sí: Aunque ni temo a Dios, ni tengo respeto a hombre, sin embargo, porque esta viuda me es molesta, le haré justicia, no sea que viniendo de continuo, me agote la paciencia. Y dijo el Señor: Oíd lo que dijo el juez injusto. ¿Y acaso Dios no hará justicia a sus escogidos, que claman a él día y noche? ¿Se tardará en responderles? Os digo que pronto les hará justicia".

El juez presentado aquí no tenía consideración por la justicia ni compasión por los dolientes. La viuda que le presentaba su caso había sido rechazada con persistencia. Repetidas veces había acudido a él, sólo para ser tratada con desprecio, y ser ahuyentada del tribunal. El juez sabía que su causa era justa, y podría haberla socorrido en seguida, pero no quería hacerlo. Quería demostrar su poder arbitrario, y se complacía en dejarla pedir, rogar y suplicar en vano. Pero ella no quería desmayar ni desalentarse. A pesar de la indiferencia y dureza de corazón de él, insistió en su petición hasta que el juez consintió en atender el caso. "Aunque ni temo a Dios, ni tengo respeto a hombre —dijo—, sin embargo, porque esta viuda me es molesta, le haré justicia, no sea que viniendo de continuo, me agote la paciencia". Para salvar su reputación, para evitar que se diese publicidad a su juicio parcial y unilateral, hizo justicia a la mujer perseverante.

"¿Y acaso Dios no hará justicia a sus escogidos, que claman a él día y noche? ¿Se tardará en responderles? Os digo que pronto les hará justicia". Cristo presenta aquí un agudo contraste entre el juez injusto y Dios. El juez cedió a la petición de la viuda simplemente por egoísmo, a fin de quedar aliviado de su importunidad. No sentía por ella ni piedad ni compasión; su miseria no le importaba nada. ¡Cuán diferente es la actitud de Dios hacia los que lo buscan! Las súplicas de los menesterosos y angustiados son consideradas por él con infinita compasión.

La mujer que suplicó justicia al juez había perdido a su marido por la muerte. Pobre y sin amigos, no tenía medios de salvar su fortuna arruinada. Así, por el pecado, el hombre ha perdido su relación con Dios. Por sí mismo no puede salvarse, pero en Cristo somos acercados al Padre. Los elegidos de Dios son caros a su corazón. Son aquellos a quienes él ha llamado de las tinieblas a su luz admirable, para manifestar su alabanza, a fin de que resplandezcan como luces en medio de las tinieblas del mundo. El juez injusto no tenía interés especial en la viuda que lo importunaba pidiéndole liberación; sin embargo, a fin de deshacerse de sus lastimeras súplicas, la oyó, y la libró de su adversario. Pero Dios ama a sus hijos con amor infinito. Para él el objeto más caro que hay en la tierra es su iglesia.

"Porque la porción de Jehová es su pueblo; Jacob la heredad que le tocó. Le halló en tierra de desierto, y en yermo de horrible soledad; lo trajo alrededor, lo instruyó, lo guardó como a la niña de su ojo". "Porque así ha dicho Jehová de los ejércitos: Tras la gloria me enviará él a las naciones que os despojaron; porque el que os toca, toca a la niña de su ojo".[1]

La oración de la viuda: "Hazme justicia de mi adversario", representa la oración de los hijos de Dios. Satanás es su gran adversario. Es "el acusador de nuestros hermanos",[2] el cual los acusa delante de Dios día y noche. Está continuamente obrando para representar falsamente y acusar, engañar y destruir al pueblo de Dios. Y en esta parábola Jesús enseña a sus discípulos a orar por la liberación del poder de Satanás y sus agentes.

En la profecía de Zacarías, se pone de manifiesto la obra de acusador que hace Satanás, y la obra de Cristo de resistir al adversario de su pueblo. El profeta dice: "Me mostró al sumo sacerdote Josué, el cual estaba delante del ángel de Jehová, y Satanás estaba a su mano derecha para acusarle. Y dijo Jehová a Satanás: Jehová te reprenda, oh Satanás; Jehová que ha escogido a Jerusalén te reprenda. ¿No es éste un tizón arrebatado del incendio? Y Josué estaba vestido de vestiduras viles, y estaba delante del ángel".[3]

El pueblo de Dios está representado aquí por un criminal en el juicio. Josué, como sumo sacerdote, está pidiendo una bendición para su pueblo, que está en gran aflicción. Mientras está intercediendo delante de Dios, Satanás está a su diestra como adversario suyo. Acusa a los hijos de Dios, y hace aparecer su caso tan desesperado como sea posible. Presenta delante del Señor sus malas acciones y defectos. Muestra sus faltas y fracasos, esperando que aparezcan de tal carácter a los ojos de Cristo que él no les preste ayuda en su gran necesidad. Josué, como representante del pueblo de Dios, está bajo la condenación, vestido de ropas inmundas. Consciente de los pecados de su pueblo, se siente abatido por el desaliento. Satanás oprime su alma con una sensación de culpabilidad que lo hace sentirse casi sin esperanza. Sin embargo, ahí está como suplicante, frente a la oposición de Satanás.

La obra de Satanás como acusador empezó en el cielo. Esta ha sido su obra en la tierra desde la caída del hombre, y será su obra en un sentido especial mientras más nos acercamos al fin de la historia de este mundo. A medida que ve que su tiempo se acorta, trabaja con mayor ardor para engañar y destruir. Se aíra cuando ve en la tierra un pueblo que, aun con su debilidad y carácter pecaminoso, tiene respeto por la ley de Jehová. Está resuelto a hacer que ese pueblo no obedezca a Dios. Se deleita en su indignidad, y tiene lazos preparados para cada alma, a fin de que todos queden entrampados y separados de Dios. Trata de acusar y condenar a Dios y a todos los que luchan por llevar a cabo sus propósitos en este mundo, con misericordia y amor, con compasión y perdón.

Toda manifestación del poder de Dios en favor de su pueblo despierta la enemistad de Satanás. Cada vez que Dios obra en su favor, Satanás y sus ángeles obran con renovado vigor para lograr su ruina. Tiene celos de todos aquellos que hacen de Cristo su fuerza. Su objeto consiste en instigar al mal, y cuando tiene éxito arroja toda la culpa sobre los tentados. Señala sus ropas contaminadas, sus caracteres deficientes. Presenta su debilidad en insensatez, su pecado e ingratitud, su carácter distinto al de Cristo, que ha deshonrado a su Redentor. Todo esto lo presenta como un argumento que prueba su derecho a destruirlos a voluntad. Se esfuerza por espantar sus almas con el pensamiento de que su caso no tiene esperanza, que la mancha de su contaminación no podrá nunca lavarse. Espera destruir así su fe, a fin de que cedan plenamente a sus tentaciones, y abandonen su fidelidad a Dios.

Los hijos del Señor no pueden contestar las acusaciones de Satanás. Al mirarse a sí mismos, están prontos a desesperar, pero apelan al divino Abogado. Presentan los méritos del Redentor. Dios puede ser "justo, y el que justifica al que es de la fe de Jesús".[4] Con confianza los hijos del Señor le suplican que acalle las acusaciones de Satanás, y anule sus lazos. "Hazme justicia de mi adversario", ruegan; y con el poderoso argumento de la cruz, Cristo impone silencio al atrevido acusador.

"Y dijo Jehová a Satanás: Jehová te reprenda, oh Satanás; Jehová que ha escogido a Jerusalén te reprenda. ¿No es éste un tizón arrebatado del incendio?" Cuando Satanás trata de cubrir al pueblo de Dios con negrura y arruinarlo, Cristo se interpone. Aunque han pecado, Cristo ha tomado la culpabilidad de su pecado sobre su propia alma. Ha arrebatado a la especie humana como tizón del fuego. Por su naturaleza humana está unido al hombre, mientras que por su naturaleza divina es uno con el Dios infinito. La ayuda está puesta al alcance de las almas que perecen. El adversario queda reprendido.

"Y Josué estaba vestido de vestiduras viles, y estaba delante del ángel. Y habló el ángel, y mandó a los que estaban delante de él, diciendo: Quitadle esas vestiduras viles. Y a él le dijo: Mira que he quitado de ti tu pecado, y te he hecho vestir de ropas de gala. Después dijo: Pongan mitra limpia sobre su cabeza. Y pusieron una mitra limpia sobre su cabeza, y le vistieron las ropas". Luego, con la autoridad del Señor de los ejércitos, el ángel hizo una promesa solemne a Josué, representante del pueblo de Dios: "Si anduvieres por mis caminos, y si guardares mi ordenanza, también tú gobernarás mi casa, también guardarás mis atrios, y entre éstos que aquí están te daré lugar",[5] aun entre los ángeles que rodean el trono de Dios.

No obstante los defectos del pueblo de Dios, Cristo no se aparta de los objetos de su cuidado. Tiene poder para cambiar sus vestiduras. Saca sus ropas contaminadas y pone sobre los que se arrepienten y creen, su propio manto de justicia, y escribe "perdonado" frente a sus nombres en los registros del cielo. Los confiesa como suyos ante el universo celestial. Su adversario Satanás queda desenmascarado como acusador y engañador. Dios hará justicia a sus elegidos.

La oración: "Hazme justicia de mi adversario", se aplica no solamente a Satanás, sino a los agentes a quienes instiga a presentar falsamente, a tentar y destruir al pueblo de Dios. Los que han decidido obedecer los mandamientos de Dios entenderán por experiencia que tienen adversarios que son dominados por una fuerza infernal. Tales adversarios asediaron a Cristo a cada paso, con una constancia y resolución que ningún ser humano puede conocer jamás. Los discípulos de Cristo, como su Maestro, son perseguidos por la tentación continua.

Las Escrituras describen la condición del mundo precisamente antes de la segunda venida de Cristo. El apóstol Santiago presenta la codicia y la opresión que prevalecerán. Dice: "¡Vamos ahora, ricos!... Habéis acumulado tesoros para los días postreros. He aquí, clama el jornal de los obreros que han cosechado vuestras tierras, el cual por engaño no les ha sido pagado por vosotros; y los clamores de los que habían segado han entrado en los oídos del Señor de los ejércitos. Habéis vivido en deleites sobre la tierra, y sido disolutos; habéis engordado vuestros corazones como en día de matanza. Habéis condenado y dado muerte al justo, y él no os hace resistencia".[6] Este es un cuadro de lo que existe hoy. Por medio de todo tipo de opresión y extorsión, los hombres están amontonando fortunas colosales, mientras que los clamores de la humanidad que perece de hambre están ascendiendo a Dios.

"Y el derecho se retiró, y la justicia se puso lejos; porque la verdad tropezó en la plaza, y la equidad no pudo venir. Y la verdad fue detenida; y el que se apartó del mal fue puesto en prisión".[7] Esto se cumplió en la vida terrenal de Cristo. El era leal a los mandamientos de Dios, poniendo a un lado las tradiciones y requerimientos humanos que se habían ensalzado en su lugar. Por causa de esto fue aborrecido y perseguido. Esta historia se repite. Las leyes y tradiciones de los hombres son ensalzadas por encima de la ley de Dios, y los que son fieles a los mandamientos de Dios sufren oprobio y persecución. Cristo, por causa de su fidelidad a Dios, fue acusado como violador del sábado y blasfemo. Se declaró que estaba poseído por un demonio, y se lo denunció como Beelzebú. De igual manera sus seguidores son acusados y calumniados. Así espera Satanás inducirlos a pecar y deshonrar a Dios.

El carácter del juez de la parábola, que no temía ni a Dios ni al hombre, fue presentado por Cristo para demostrar la clase de juicio que se realizaba entonces y que pronto se iba a presenciar en su propio proceso. Deseaba que su pueblo de todos los tiempos comprendiese cuán poca confianza se puede tener en los gobernantes o jueces terrenales en el día de la adversidad. Con frecuencia los elegidos de Dios tienen que estar delante de los hombres que ocupan posiciones oficiales, pero que no hacen de la Palabra de Dios su guía y consejero, sino que siguen sus propios impulsos sin disciplina ni consagración.

En la parábola del juez injusto, Cristo demostró lo que debemos hacer. "¿Y acaso Dios no hará justicia a sus escogidos, que claman a él día y noche?" Cristo, nuestro ejemplo, no hizo nada para vindicarse o librarse a sí mismo. Confió su caso a Dios.

Así los que le siguen no han de acusar o condenar, ni recurrir a la fuerza para librarse a sí mismos.

Cuando sufrimos pruebas que parecen inexplicables, no debemos permitir que nuestra paz sea malograda. Por injustamente que seamos tratados, no permitamos que la pasión se despierte. Condescendiendo con un espíritu de venganza nos dañamos a nosotros mismos. Destruimos nuestra propia confianza en Dios y ofendemos al Espíritu Santo. Hay a nuestro lado un testigo, un mensajero celestial, que levantará por nosotros una barrera contra el enemigo. El nos envolverá con los brillantes rayos del Sol de justicia. A través de ellos Satanás no puede penetrar. No puede atravesar este escudo de luz divina.

Mientras el mundo progresa en la impiedad, ninguno de nosotros necesita hacerse la ilusión de que no tendrá dificultades. Pero son esas mismas dificultades las que nos llevan a la cámara de audiencias del Altísimo. Podemos pedir consejo a Aquel que es infinito en sabiduría.

El Señor dice: "Invócame en el día de la angustia".[8] El nos invita a presentarle lo que nos tiene perplejos y lo que hemos menester, y nuestra necesidad de la ayuda divina. Nos aconseja ser constantes en la oración. Tan pronto como las dificultades surgen, debemos dirigirle nuestras sinceras y fervientes peticiones. Nuestras oraciones importunas evidencian nuestra vigorosa confianza en Dios. El sentimiento de nuestra necesidad nos induce a orar con fervor, y nuestro Padre celestial es movido por nuestras súplicas.

A menudo, los que sufren el oprobio o la persecución por causa de su fe son tentados a pensar que Dios los ha olvidado. A la vista de los hombres, se hallan entre la minoría. Según todas las apariencias sus enemigos triunfan sobre ellos. Pero no violen ellos su conciencia. Aquel que sufrió por ellos y llevó sus pesares y aflicciones, no los ha olvidado.

Los hijos de Dios no son dejados solos e indefensos. La oración mueve el brazo de la Omnipotencia. Por la oración, los hombres "conquistaron reinos, hicieron justicia, alcanzaron promesas, taparon bocas de leones, apagaron fuegos impetuosos" —y llegamos a saber lo que esto significa cuando oímos acerca de los mártires que murieron por su fe—, "pusieron en fuga ejércitos extranjeros".[9]

Si consagramos nuestra vida al servicio de Dios, nunca podremos ser colocados en una situación para la cual Dios no haya hecho provisión. Cualquiera sea nuestra situación, tenemos un Guía que dirige nuestro camino; cualesquiera sean nuestras perplejidades, tenemos un seguro Consejero; sea cual fuere nuestra pena, desamparo o soledad, tenemos un Amigo que simpatiza con nosotros. Si en nuestra ignorancia, damos pasos equivocados, Cristo no nos abandona. Su voz, clara y distinta, nos dice: "Yo soy el camino, y la verdad, y la vida".[10] "El librará al menesteroso que clamare, y al afligido que no tuviere quien le socorra".[11]

El Señor declara que será honrado por aquellos que se acerquen a él, que fielmente se ocupen en su servicio. "Tú guardarás en completa paz a aquel cuyo pensamiento en ti persevera; porque en ti ha confiado".[12] El brazo de la Omnipotencia se extiende para conducirnos hacia adelante, siempre adelante. Avanza —dice el Señor—; te enviaré ayuda. Porque pides para la gloria de mi nombre, recibirás. Seré honrado ante la vista de los que esperan ver tu fracaso. Ellos verán cómo mi palabra triunfará gloriosamente. "Y todo lo que pidiereis en oración, creyendo, lo recibiréis".[13]

JUSTICIA GARANTIZADA

Clamen a Dios todos los que son afligidos o tratados injustamente. Apartaos de aquellos cuyo corazón es como el acero, y haced vuestras peticiones a vuestro Hacedor. Nunca es rechazado nadie que acuda a él con corazón contrito. Ninguna oración sincera se pierde. En medio de los himnos del coro celestial, Dios oye los clamores del más débil de los seres humanos. Derramamos los deseos de nuestro corazón en nuestra cámara secreta, expresamos una oración mientras andamos por el camino, y nuestras palabras llegan al trono del Monarca del universo. Pueden ser inaudibles para todo oído humano, pero no morirán en el silencio, ni serán olvidadas a causa de las actividades y ocupaciones que se efectúan. Nada puede ahogar el deseo del alma. Este se eleva por encima del ruido de la calle, por encima de la confusión de la multitud, y llega a las cortes del cielo. Es a Dios a quien hablamos, y nuestra oración es escuchada.

Vosotros los que os sentís los más indignos, no temáis encomendar vuestro caso a Dios. Cuando se dio a sí mismo en Cristo por los pecados del mundo, tomó a su cargo el caso de cada alma. "El que no escatimó ni a su propio Hijo, sino que lo entregó por todos nosotros, ¿cómo no nos dará también con él todas las cosas?"[14] ¿No cumplirá él la palabra de gracia dada para nuestro ánimo y fortaleza?

El mayor deseo de Cristo es redimir su herencia del dominio de Satanás. Pero antes de que seamos librados del poder satánico exteriormente, debemos ser librados de su poder interiormente. El Señor permite las pruebas a fin de que seamos limpiados de la mundanalidad, el egoísmo y los rasgos de carácter duros y anticristianos. El permite que las profundas aguas de la aflicción cubran nuestra alma para que lo conozcamos, y a Jesucristo a quien ha enviado, con el objeto de hacer brotar en nuestro corazón anhelos profundos de ser purificados de la contaminación, y que salgamos de la prueba más puros, más santos, más felices. A menudo entramos en el crisol de la prueba con nuestras almas oscurecidas por el egoísmo, pero si somos pacientes bajo la prueba decisiva, saldremos reflejando el carácter divino. Cuando su propósito en la aflicción se cumpla, "exhibirá tu justicia como la luz, y tu derecho como el mediodía".[15]

No hay peligro de que el Señor descuide las oraciones de sus hijos. El peligro está en que, en la tentación y la prueba, se descorazonen, y dejen de perseverar en oración.

El Salvador manifestó compasión divina hacia la mujer sirofenisa. Su corazón fue conmovido al contemplar su aflicción. Anhelaba darle una seguridad inmediata de que su oración había sido escuchada; pero quería enseñar una lección a sus discípulos, y por un momento pareció desatender el clamor de su corazón torturado. Cuando la fe de la mujer se hubo manifestado, le dirigió palabras de encomio, y la envió con la preciosa bendición que había pedido. Los discípulos nunca olvidaron esta lección, y fue registrada para demostrar el resultado de la oración perseverante.

Fue Cristo mismo quien puso en el corazón de aquella madre la persistencia que no pudo ser rechazada. Fue Cristo el que concedió valor y determinación ante el juez a la viuda suplicante. Fue Cristo quien, siglos antes, en el conflicto misterioso desarrollado junto al Jaboc, había inspirado a Jacob la misma fe perseverante. Y no dejó sin recompensar la confianza que él mismo había implantado.

Aquel que vive en el santuario celestial juzga con justicia. Se complace más en sus hijos que luchan contra la tentación en un mundo de pecado que en las huestes de ángeles que rodean su trono.

Todo el universo celestial manifiesta el más grande interés en esta manchita que es nuestro mundo; pues Cristo ha pagado un precio infinito por las almas de sus habitantes. El Redentor del mundo ha ligado la tierra con el cielo mediante lazos de inteligencia, pues aquí se hallan los redimidos del Señor. Los seres celestiales todavía visitan la tierra como en los días en que andaban y hablaban con Abrahán y con Moisés. En medio de las actividades y el trajín de nuestras grandes ciudades, en medio de las multitudes que atestan la vía pública y los centros de comercio, donde desde la mañana hasta la noche la gente obra como si los negocios, los deportes y los placeres constituyeran todo lo que hay en la vida, en esos lugares en que hay tan pocos que contemplan las realidades invisibles, aun allí el cielo tiene todavía vigilantes y santos. Hay agentes invisibles que observan cada palabra y cada acto de los seres humanos. En toda asamblea reunida con propósitos de comercio o placer, en toda reunión de culto, hay más oyentes de los que pueden verse con los ojos mortales. A veces los seres celestiales descorren el velo que esconde el mundo invisible, a fin de que nuestros pensamientos se vuelvan de la prisa y la tensión de la vida, a considerar que hay testigos invisibles de todo lo que hacemos o decimos.

Necesitamos entender mejor la misión de los ángeles visitadores. Sería bueno considerar que en todo nuestro trabajo tenemos la cooperación y el cuidado de los seres celestiales. Ejércitos invisibles de luz y poder atienden a los humildes y mansos que creen en las promesas de Dios y las reclaman. Querubines, serafines y ángeles, poderosos en fortaleza —millares de millares y millones de millones—, se hallan a su diestra, "todos espíritus ministradores, enviados para servicio a favor de los que serán herederos de la salvación".[16]

Estos mensajeros angelicales llevan un fiel registro de las palabras y los hechos de los hijos de los hombres. Cada acto de crueldad o injusticia ejecutado contra los hijos de Dios, todo lo que ellos tienen que sufrir por causa del poder de los obradores de maldad, se registra en los cielos.

"¿Y acaso Dios no hará justicia a sus escogidos, que claman a él día y noche? ¿Se tardará en responderles? Os digo que pronto les hará justicia".

"No perdáis, pues, vuestra confianza, que tiene grande galardón; porque os es necesaria la paciencia, para que habiendo hecho la voluntad de Dios, obtengáis la promesa. Porque aún un poquito, y el que ha de venir vendrá, y no tardará".[17] "Mirad cómo el labrador espera el precioso fruto de la tierra, aguardando con paciencia hasta que reciba la lluvia temprana y tardía. Tened también vosotros paciencia, y afirmad vuestros corazones; porque la venida del Señor se acerca".[18]

La longanimidad de Dios es maravillosa. La justicia espera largo tiempo mientras la misericordia suplica al pecador. Pero "justicia y juicio son el cimiento de su trono".[19] "Jehová es tardo para la ira", pero es "grande en poder, y no tendrá por inocente al culpable. Jehová marcha en la tempestad y el torbellino, y las nubes son el polvo de sus pies".[20]

El mundo ha llegado a ser temerario en la transgresión de la ley de Dios. A causa de la larga clemencia divina, los hombres han pisoteado su autoridad. Se han fortalecido mutuamente en la opresión y la crueldad que ejercen contra su herencia, diciendo: "¿Cómo sabe Dios? ¿Y hay conocimiento en el Altísimo?"[21] Pero existe una línea que no pueden traspasar. Se acerca el tiempo en que llegarán al límite prescrito. Aun ahora casi han pasado los límites de la paciencia de Dios, los límites de su gracia y misericordia. El Señor se interpondrá para defender su propio honor, para librar a su pueblo, y para reprimir los desmanes de la injusticia.

En los días de Noé, los hombres habían descuidado la ley de Dios hasta que casi todo recuerdo del Creador había desaparecido de la tierra. Su iniquidad alcanzó tal grado que el Señor trajo un diluvio sobre la tierra que arrasó a todos sus impíos habitantes.

En diversas edades el Señor ha hecho conocer la forma en que obra. Cuando ha llegado una crisis, él se ha manifestado, y se ha interpuesto para estorbar la ejecución de los planes de Satanás. En el caso de naciones, familias e individuos, permitió a menudo que las cosas llegaran a una crisis, y entonces su intervención se efectuó en forma notable. En esas ocasiones él ha manifestado que hay un Dios en Israel que hará que su ley permanezca incólume y defenderá a su pueblo.

En este tiempo en que prevalece la iniquidad, podemos saber que la última crisis está por llegar. Cuando el desafío a la ley de Dios sea casi universal, cuando su pueblo esté oprimido y afligido por sus semejantes, el Señor se interpondrá.

Se acerca el tiempo en que él dirá: "Anda, pueblo mío, entra en tus aposentos, cierra tras ti tus puertas; escóndete un poquito, por un momento, en tanto que pasa la indignación. Porque he aquí que Jehová sale de su lugar para castigar al morador de la tierra por su maldad contra él; y la tierra descubrirá la sangre derramada sobre ella, y no encubrirá ya más a sus muertos".[22] Puede ser que hombres que pretenden ser cristianos defrauden y opriman ahora al pobre; roben a las viudas y a los huérfanos; se inspiren de ira

satánica porque no pueden dominar las conciencias de los hijos de Dios; pero por todo esto Dios los llamará a juicio. "Juicio sin misericordia se hará con aquel que no hiciere misericordia".[23] No pasará mucho tiempo antes que ellos estén ante el Juez de toda la tierra para rendir cuenta del dolor que han causado a los cuerpos y las almas de los que forman la herencia divina. Pueden ahora permitirse falsas acusaciones, pueden ridiculizar a aquellos que Dios ha señalado para hacer su obra. Pueden enviar a los creyentes en Dios a la cárcel, a los trabajos forzados, al destierro, a la muerte; pero por toda angustia infligida, por toda lágrima vertida, tendrán que dar cuenta. Dios les pagará doblemente por sus pecados. Con respecto a Babilonia, el símbolo de la iglesia apóstata, Dios dice a sus ministros de juicio: "Sus pecados han llegado hasta el cielo, y Dios se ha acordado de sus maldades. Dadle a ella como ella os ha dado, y pagadle doble según sus obras; en el cáliz en que ella preparó bebida, preparadle a ella el doble".[24]

De la India, del Africa, de la China, de las islas del mar, de entre los pisoteados millones que habitan los países llamados cristianos, el clamor del dolor humano asciende a Dios. Ese clamor no subirá por mucho tiempo más sin ser contestado. Dios limpiará la tierra de su corrupción moral, no por un mar de aguas, como en los días de Noé, sino por un mar de fuego que no podrá ser apagado por ninguna invención humana.

"Será tiempo de angustia, cual nunca fue desde que hubo gente hasta entonces; pero en aquel tiempo será libertado tu pueblo, todos los que se hallen escritos en el libro".[25]

De buhardillas, de chozas, de calabozos, de patíbulos, de montañas y desiertos, de cuevas de la tierra y cavernas del mar, Cristo reunirá a sus hijos a sí. En la tierra, han sido destituidos, afligidos y atormentados. Millones han descendido a la tumba cargados de infamia por haber rehusado rendirse a las engañosas pretensiones de Satanás. Los hijos de Dios han sido ajusticiados por los tribunales humanos como los más viles criminales. Pero está cerca el día cuando Dios será "el juez".[26] Entonces las decisiones de la tierra serán invertidas. "Quitará la afrenta de su pueblo". A cada hijo de Dios se le darán ropas blancas. "Y les llamarán Pueblo Santo, Redimidos de Jehová".[27]

Cualesquiera sean las cruces que hayan sido llamados a llevar, cualesquiera las pérdidas que hayan soportado, cualquiera la persecución que hayan sufrido, aun hasta la pérdida de su vida temporal, los hijos de Dios serán ampliamente recompensados. "Verán su rostro, y su nombre estará en sus frentes".[28]

1. Deuteronomio 32:9-10; Zacarías 2:8.
2. Apocalipsis 12:10.
3. Zacarías 3:1-3.
4. Romanos 3:26.
5. Zacarías 3:3-7.
6. Santiago 5:1-6.
7. Isaías 59:14-15.
8. Salmo 50:15.
9. Hebreos 11:33-34.
10. S. Juan 14:6.
11. Salmo 72:12.
12. Isaías 26:3.
13. S. Mateo 21:22.
14. Romanos 8:32.
15. Salmo 37:6.
16. Hebreos 1:14.
17. Hebreos 10:35-37.
18. Santiago 5:7-8.
19. Salmo 97:2.
20. Nahúm 1:3.
21. Salmo 73:11.
22. Isaías 26:20-21.
23. Santiago 2:13.
24. Apocalipsis 18:5-6.
25. Daniel 12:1.
26. Salmo 50:6.
27. Isaías 25:8; Apocalipsis 6:11; Isaías 62:12.
28. Apocalipsis 22:4.

Basado en S. Lucas 15:1-10.

LA OVEJA PERDIDA

Cuando los "publicanos y pecadores" se reunían alrededor de Cristo, los rabinos expresaban su descontento. "Este a los pecadores recibe —decían—, y con ellos come".

Con esta acusación insinuaban que a Cristo le gustaba asociarse con los pecadores y los viles, y que era insensible a su iniquidad. Los rabinos se habían desilusionado con Jesús. ¿Por qué él, que pretendía tener un carácter tan elevado, no se juntaba con ellos y seguía sus métodos de enseñanza? ¿Por qué se portaba tan modestamente, trabajando entre los hombres de todas las clases? Si fuese un profeta verdadero, decían, estaría de acuerdo con nosotros, y trataría a los publicanos y pecadores con la indiferencia que merecen. Encolerizaba a esos guardianes de la sociedad el que Aquel con quien estaban continuamente en disputa, pero cuya pureza de vida los aterrorizaba y condenaba, se juntara, con una simpatía tan visible, con los parias de la sociedad. No aprobaban sus métodos.

Se consideraban a sí mismos como educados, refinados y preeminentemente religiosos; pero el ejemplo de Cristo presentaba al desnudo su egoísmo.

También los encolerizaba el hecho de que los que mostraban sólo desprecio por los rabinos, los que nunca eran vistos en las sinagogas, acudieran a Jesús, y escucharan con arrobada atención sus palabras. Los escribas y fariseos sentían sólo condenación ante aquella presencia pura; ¿cómo era, entonces, que los publicanos y pecadores resultaban atraídos a Jesús?

No sabían que la explicación residía en las mismas palabras que habían pronunciado como una acusación despectiva: "Este a los pecadores recibe". Los que acudían a Jesús sentían en su presencia que, aun para ellos, había salida del foso del pecado. Los fariseos habían tenido sólo desprecio y condenación para ellos; pero Cristo los saludaba como a hijos de Dios, indudablemente apartados de la casa del Padre, pero no olvidados por el corazón del Padre. Y su misma desgracia y pecado los convertía en mayor grado en el objeto de su compasión. Cuanto más se habían alejado de él, tanto más ferviente era el anhelo y mayor el sacrificio hecho para su rescate.

Todo esto podrían haberlo aprendido los maestros de Israel de los sagrados rollos de que se enorgullecían de ser guardianes y expositores. ¿No había escrito David, ese David que había caído en un pecado mortal: "Yo anduve errante como oveja extraviada; busca a tu siervo"?[1] ¿No había revelado Miqueas el amor de Dios hacia los pecadores diciendo: "¿Qué Dios como tú, que perdona la maldad, y olvida el pecado del remanente de su heredad? No retuvo para siempre su enojo, porque se deleita en misericordia".[2]

La oveja perdida

En esta ocasión Cristo no recordó a sus oyentes las palabras de las Escrituras. Recurrió al testimonio de lo que ellos mismos conocían. Las extensas mesetas situadas al este del Jordán proporcionaban abundantes pastos para los rebaños, y por los desfiladeros y colinas boscosas habían vagado muchas ovejas perdidas, que eran buscadas y traídas de vuelta por el cuidado del pastor. En el grupo que rodeaba a Jesús había pastores, y también hombres que habían invertido dinero en rebaños y manadas, y todos podían apreciar su ilustración: "¿Qué hombre de *vosotros*, teniendo cien ovejas, si pierde una de ellas, no deja las noventa y nueve en el desierto, y va tras la que se perdió, hasta encontrarla?"

Estas almas a quienes despreciáis, dijo Jesús, pertenecen a Dios. Son suyas por la creación y la redención, y son de valor a su vista. Así como el pastor ama a sus ovejas, y no puede descansar cuando le falta aunque sólo sea una, así, y en un grado infinitamente superior, Dios ama a toda alma descarriada. Los hombres pueden negar el derecho de su amor, pueden apartarse de él, pueden escoger otro amo; y sin embargo son de Dios, y él anhela recobrar a los suyos. Dice: "Como reconoce su rebaño el pastor el día que está en medio de sus ovejas esparcidas, así reconoceré mis ovejas, y las libraré de todos los lugares en que fueron esparcidas el día del nublado y de la oscuridad".[3] En la parábola, el pastor va en busca de una oveja, la más pequeñita de todas. Así también, si sólo hubiera habido un alma perdida, Cristo habría muerto por esa sola.

La oveja que se ha descarriado del redil es la más impotente de todas las criaturas. El pastor debe buscarla, pues ella no puede encontrar el camino de regreso. Así también el alma que se ha apartado de Dios, es tan impotente como la oveja perdida, y si el amor divino no hubiera ido en su rescate, nunca habría encontrado su camino hacia Dios.

El pastor que descubre que falta una de sus ovejas, no mira descuidadamente el rebaño que está seguro y dice: "Tengo noventa y nueve, y me sería una molestia demasiado grande ir en busca de la extraviada. Que regrese, y yo abriré la puerta del redil y la dejaré entrar". No; tan pronto como se extravía la oveja, el pastor se llena de pesar y ansiedad. Cuenta y recuenta el rebaño, y no dormita cuando descubre que se ha perdido una oveja. Deja las noventa y nueve dentro del aprisco y va en busca de la perdida. Cuanto más oscura y tempestuosa es la noche, y más peligroso el camino, tanto mayor es la ansiedad del pastor y más ferviente su búsqueda. Hace todos los esfuerzos posibles por encontrar esa sola oveja perdida.

Con cuánto alivio siente a la distancia su primer débil balido. Siguiendo el sonido, trepa por las alturas más empinadas, y va al mismo borde del precipicio con riesgo de su propia vida. Así la busca, mientras el balido, cada vez más débil, le indica que la oveja está por morir. Al fin es recompensado su esfuerzo; encuentra la perdida. Entonces no la reprende porque le ha causado tanta molestia. No la arrea con un látigo. Ni aun intenta conducirla al redil. En su gozo pone la temblorosa criatura sobre sus hombros; si está magullada y herida, la toma en sus brazos, la aprieta contra su pecho, para que le dé vida el calor de su corazón. Agradecido porque su búsqueda no ha sido vana, la lleva de vuelta al redil.

Gracias a Dios, él no ha presentado a nuestra imaginación el cuadro de un pastor que regresa dolorido sin la oveja. La parábola no habla de fracaso, sino de éxito y gozo en la recuperación. Aquí está la garantía divina de que no es descuidada o dejada al desamparo ni aun una de las ovejas descarriadas del aprisco de Dios. Cristo rescatará del foso de la corrupción y de las zarzas del pecado a todo el que tenga el deseo de ser redimido.

Alma desalentada, anímate aunque hayas obrado impiamente. No pienses que *quizá* Dios perdonará tus transgresiones y permitirá que vayas a su presencia. Dios ha dado el primer paso. Aunque te habías rebelado contra él, salió a buscarte. Con el tierno corazón del pastor, dejó las noventa y nueve y salió al desierto a buscar la que se había perdido. Toma en sus brazos de amor al alma lastimada, herida y a punto de morir, y gozosamente la lleva al aprisco de la seguridad.

Los judíos enseñaban que antes de que se extendiera el amor de Dios al pecador, éste debía arrepentirse. A su modo de ver, el arrepentimiento es una obra por la cual los hombres ganan el favor del cielo. Y éste fue el pensamiento que indujo a los fariseos a exclamar con asombro e ira: "Este

a los pecadores recibe". De acuerdo con sus ideas, no debía permitir que se le acercaran sino los que se habían arrepentido. Pero en la parábola de la oveja perdida, Cristo enseña que la salvación no se debe a nuestra búsqueda de Dios, sino a su búsqueda de nosotros. "No hay quien entienda, no hay quien busque a Dios. Todos se desviaron".[4] No nos arrepentimos para que Dios nos ame, sino que él nos revela su amor para que nos arrepintamos.

Cuando al fin es llevada al aprisco la oveja perdida, la alegría del pastor se expresa con himnos melodiosos de regocijo. Llama a sus amigos y vecinos y les dice: "Gozaos conmigo, porque he encontrado mi oveja que se había perdido". Así también cuando el gran Pastor de las ovejas encuentra a un extraviado, el cielo y la tierra se unen en agradecimiento y regocijo.

"Habrá más gozo en el cielo por un pecador que se arrepiente, que por noventa y nueve justos que no necesitan de arrepentimiento". Vosotros, los fariseos, dijo Cristo, os consideráis como los favoritos del cielo. Pensáis que estáis seguros en vuestra propia justicia. Sabed, por lo tanto, que si no necesitáis arrepentimiento, mi misión no es para vosotros. Estas pobres almas que sienten su pobreza y pecaminosidad, son precisamente aquellas que he venido a rescatar. Los ángeles del cielo están interesados en los perdidos que despreciáis. Os quejáis y mostráis vuestro desprecio cuando una de estas almas se une conmigo; pero sabed que los ángeles se regocijan y el himno de triunfo resuena en las cortes celestiales.

Los rabinos tenían el dicho de que hay regocijo en el cielo cuando es destruido uno que ha pecado contra Dios; pero Jesús enseñó que para Dios la obra de destrucción es una obra extraña; aquello

en lo cual todo el cielo se deleita es la restauración de la imagen de Dios en las almas que él ha hecho.

Cuando alguien que se haya extraviado grandemente en el pecado trate de volver a Dios, encontrará crítica y desconfianza. Habrá quienes pongan en duda la veracidad de su arrepentimiento, o que murmurarán: "No es firme; no creo que se mantendrá". Tales personas no están haciendo la obra de Dios sino la de Satanás, que es el acusador de los hermanos. Mediante sus críticas, el maligno trata de desanimar a aquella alma, y llevarla aún más lejos de la esperanza y de Dios. Contemple el pecador arrepentido el regocijo del cielo por su regreso. Descanse en el amor de Dios, y en ningún caso se descorazone por las burlas y las sospechas de los fariseos.

Los rabinos entendieron que la parábola de Cristo se aplicaba a los publicanos y pecadores; pero también tiene un significado más amplio. Cristo representa con la oveja perdida no sólo al pecador individual, sino también al mundo que ha apostatado y ha sido arruinado por el pecado. Este mundo no es sino un átomo en los vastos dominios que Dios preside. Sin embargo, este pequeño mundo caído, la única oveja perdida, es más precioso a su vista que los noventa y nueve que no se descarriaron del aprisco. Cristo, el amado Comandante de las cortes celestiales, descendió de su elevado estado, puso a un lado la gloria que tenía con el Padre, a fin de salvar al único mundo perdido. Para esto dejó allá arriba los mundos que no habían pecado, los noventa y nueve que le amaban, y vino a esta tierra, para ser "herido... por nuestras rebeliones" y "molido por nuestros pecados".[5] Dios se dio a sí mismo en su Hijo para poder tener el gozo de recobrar la oveja que se había perdido.

"Mirad cuál amor nos ha dado el Padre, para que seamos llamados hijos de Dios".[6] Y Cristo dijo: "Como tú me enviaste al mundo, así yo los he enviado al mundo", para cumplir "lo que falta de las aflicciones de Cristo por su cuerpo, que es la iglesia".[7] Cada alma que Cristo ha rescatado está llamada a trabajar en su nombre para la salvación de los perdidos. Esta obra había sido descuidada en Israel. ¿No es descuidada hoy día por los que profesan ser los seguidores de Cristo?

¿A cuántos de los errantes, tú, lector, has buscado y llevado de vuelta al redil? Cuando te apartas de los que no parecen promisorios ni atractivos, ¿te das cuenta de que estás descuidando las almas que está buscando Cristo? En el preciso momento en que te apartas de ellos, quizá es cuando necesiten más de tu compasión. En cada reunión de culto, hay almas que anhelan descanso y paz. Quizá parezca que viven vidas descuidadas, pero no son insensibles a la influencia del Espíritu Santo. Muchas de ellas pueden ser ganadas para Cristo.

Si no se lleva la oveja perdida de vuelta al aprisco, vaga hasta que perece, y muchas almas descienden a la ruina por falta de una mano que se extienda para salvarlas. Los que van errantes pueden parecer duros e indiferentes; pero si hubieran tenido las mismas ventajas que otros han tenido, habrían revelado mayor nobleza de alma, y mayor talento para ser útiles. Los ángeles se compadecen de ellos. Los ángeles lloran mientras los ojos humanos están secos y los corazones cerrados a la piedad.

¡Oh, la falta de simpatía profunda y enternecedora por los tentados y errantes! ¡Oh, más del espíritu de Cristo, y menos, mucho menos del yo!

Los fariseos entendieron la parábola de Cristo como un reproche para ellos. En vez de aceptar las críticas que hacían de su obra, él había reprochado su descuido hacia los publicanos y pecadores. No lo había hecho abiertamente para no cerrar sus corazones contra él; pero su ilustración les presentaba precisamente la obra que Dios requería de ellos y que no habían hecho. Si hubieran sido verdaderos pastores, esos dirigentes de Israel habrían hecho la obra de un pastor. Hubieran manifestado la misericordia y el amor de Cristo, y se habrían unido con él en su misión. Al rechazar esto habían probado que eran falsas sus pretensiones de piedad. Ahora muchos rechazaron el reproche de Cristo, pero hubo algunos que quedaron convencidos por sus palabras. Después de la ascensión de Cristo al cielo, descendió sobre éstos el Espíritu Santo y se unieron con los discípulos precisamente en la obra bosquejada en la parábola de la oveja perdida.

La dracma perdida

Después de presentar la parábola de la oveja perdida, Cristo narró otra, diciendo: "¿Qué mujer que tiene diez dracmas, si pierde una dracma, no enciende la lámpara, y barre la casa, y busca con diligencia hasta encontrarla?"

En el Oriente, las casas de los pobres por lo general consistían en una sola habitación, con frecuencia sin ventanas y oscura. Raras veces se barría la pieza, y una moneda al caer al suelo quedaba rápidamente cubierta por el polvo y la basura. Aun de día, para poderla encontrar, debía encenderse una vela y barrerse diligentemente la casa.

La dote matrimonial de la esposa consistía por lo general en monedas, que ella preservaba cuidadosamente como su posesión más querida, para transmitirla a sus hijas. La pérdida de una de esas monedas era considerada como una grave calamidad, y el recobrarla causaba un gran regocijo que compartían de buen grado las vecinas.

"Y cuando la encuentra —dijo Cristo—, reúne a las amigas y las vecinas, diciendo: Gozaos conmigo, porque he encontrado la dracma que había perdido. Así os digo que hay gozo delante de los ángeles de Dios por un pecador que se arrepiente".

Esta parábola, como la anterior, presenta la pérdida de algo que mediante una búsqueda adecuada se puede recobrar, y eso con gran gozo. Pero las dos parábolas representan diferentes clases de personas. La oveja extraviada sabe que está perdida. Se ha apartado del pastor y del rebaño y no puede volver. Representa a los que comprenden que están separados de Dios, que se hallan dentro de una nube de perplejidad y humillación, y se ven grandemente tentados. La moneda perdida simboliza a los que están perdidos en sus faltas y pecados, pero no comprenden su condición. Están apartados de Dios, pero no lo saben. Sus almas están en peligro, pero son inconscientes e indiferentes. En esta parábola, Cristo enseña que aun los indiferentes a los requerimientos de Dios, son objeto de su compasivo amor. Han de ser buscados para que puedan ser llevados de vuelta a Dios. La oveja se extravió del rebaño; estuvo perdida en el desierto o en las montañas. La dracma se perdió en la casa. Estaba a la mano, pero sólo podía ser recobrada mediante una búsqueda diligente.

Esta parábola tiene una lección para las familias. Con frecuencia hay gran descuido en el hogar respecto a la situación espiritual de sus miembros. Entre ellos quizá haya uno que está apartado de Dios; pero cuán poca ansiedad se experimenta, a fin de que en la relación familiar no se pierda uno de los dones confiados por Dios.

La moneda, aunque se encuentre entre

el polvo y la basura, es siempre una pieza de plata. Su dueño la busca porque es de valor. Así toda alma, aunque degradada por el pecado, es considerada preciosa a la vista de Dios. Así como la moneda lleva la imagen e inscripción de las autoridades, también el hombre, al ser creado, llevaba la imagen y la inscripción de Dios, y aunque ahora está malograda y oscurecida por la influencia del pecado, quedan aún en cada alma los rastros de esa inscripción. Dios desea recobrar esa alma, y volver a escribir en ella su propia imagen en justicia y santidad.

La mujer de la parábola busca diligentemente su moneda perdida. Enciende el candil y barre la casa. Quita todo lo que pueda obstruir su búsqueda. Aunque sólo ha perdido una dracma, no cesará en sus esfuerzos hasta encontrarla. Así también en la familia, si uno de los miembros se pierde para Dios, deben usarse todos los medios para rescatarlo. Practiquen todos los demás un diligente y cuidadoso examen propio. Investíguese el proceder diario. Véase si no hay alguna falta o error en la dirección del hogar, por el cual esa alma se empecina en su impenitencia.

Los padres no deben descansar si en su familia hay un hijo que vive inconsciente de su estado pecaminoso. Enciéndase el candil. Escudríñese la Palabra de Dios, y al amparo de su luz examínese diligentemente todo lo que hay en el hogar para ver por qué está perdido ese hijo. Escudriñen los padres su propio corazón, examinen sus hábitos y prácticas. Los hijos son la herencia del Señor, y somos responsables ante él por el manejo de su propiedad.

Hay padres y madres que anhelan trabajar en algún campo misionero; hay muchos que son activos en su obra cristiana fuera de su hogar, mientras que sus propios hijos son extraños al Salvador y su amor. Muchos padres confían al pastor

o al maestro de la escuela sabática la obra de ganar a sus hijos para Cristo; pero al hacerlo descuidan su propia responsabilidad recibida de Dios. La educación y preparación de sus hijos para que sean cristianos es el servicio de carácter más elevado que los padres puedan ofrecer a Dios. Es una obra que demanda un trabajo paciente, y un esfuerzo diligente y perseverante que dura toda la vida. Al descuidar este propósito demostramos ser mayordomos desleales. Dios no aceptará ninguna excusa por tal descuido.

Pero no han de desesperar los que son culpables de descuido. La mujer que había perdido una dracma buscó hasta encontrarla. Así también trabajen los padres por los suyos, con amor, fe y oración, hasta que gozosamente puedan presentarse a Dios diciendo: "He aquí, yo y los hijos que me dio Jehová".[8]

Esta es verdadera obra misionera, y es tan provechosa para los que la hacen como para aquellos en favor de los cuales se realiza. Mediante nuestro fiel interés en el círculo del hogar nos preparamos para la obra en pro de los miembros de la familia del Señor, con los cuales viviremos por las edades eternas si somos fieles a Cristo. Hemos de mostrar por nuestros hermanos y hermanas en Cristo el mismo interés que tenemos mutuamente como miembros de una familia.

Y el propósito de Dios es que todo esto nos capacite para trabajar por otros. A medida que se amplíen nuestras simpatías y aumente nuestro amor, encontraremos por doquiera una obra que hacer. La gran familia humana de Dios abarca el mundo, y no ha de pasarse por alto descuidadamente ninguno de sus miembros.

Dondequiera que estemos, la dracma perdida espera nuestra búsqueda. ¿La estamos buscando? Día tras día nos encontramos con los que no tienen interés en la religión; conversamos con ellos, y los visitamos; mas ¿mostramos interés en su bienestar espiritual? ¿Les presentamos a Cristo como el Salvador que perdona los pecados? Con nuestro corazón ardiendo con el amor de Cristo, ¿les hablamos acerca de ese amor? Si no lo hacemos, ¿cómo podremos encontrarnos con esas almas perdidas, eternamente perdidas, cuando estemos con ellas delante del trono de Dios?

¿Quién puede estimar el valor de un alma? Si queréis saber su valor, id al Getsemaní, y allí velad con Cristo durante esas horas de angustia, cuando su sudor era como grandes gotas de sangre. Mirad al Salvador pendiente de la cruz. Oíd su clamor desesperado: "Dios mío, Dios mío, ¿por qué me has desamparado?"[9] Mirad la cabeza herida, el costado atravesado, los pies maltrechos. Recordad que Cristo lo arriesgó todo. Por nuestra redención el cielo mismo se puso en peligro. Podréis estimar el valor de un alma al pie de la cruz, recordando que Cristo habría entregado su vida por un solo pecador.

Si estáis en comunión con Cristo, estimaréis a cada ser humano como él lo estima. Sentiréis hacia otros el mismo amor profundo que Cristo ha sentido por nosotros. Entonces podréis ganar y no ahuyentar, atraer y no repeler a aquellos

por quienes él murió. Nadie podría haber sido llevado de vuelta a Dios si Cristo no hubiese hecho un esfuerzo personal por él; y mediante esa obra personal podemos rescatar las almas. Cuando veáis a los que van a la muerte, no descansaréis en completa indiferencia y tranquilidad. Cuanto mayor sea su pecado y más profunda su miseria, más fervientes y tiernos serán vuestros esfuerzos por curarlos. Comprenderéis la necesidad de los que sufren, los que han pecado contra Dios y están oprimidos por una carga de culpabilidad. Vuestro corazón sentirá simpatía por ellos, y les extenderéis una mano ayudadora. Los llevaréis a Cristo en los brazos de vuestra fe y amor. Velaréis sobre ellos y los animaréis, y vuestra simpatía y confianza hará que les sea difícil perder su constancia.

Todos los ángeles del cielo están dispuestos a cooperar en esta obra. Todos los recursos del cielo están a disposición de los que tratan de salvar a los perdidos. Los ángeles os ayudarán a llegar hasta los más descuidados y endurecidos. Y cuando uno se vuelve a Dios, se alegra todo el cielo; los serafines y los querubines tañen sus arpas de oro, y cantan alabanzas a Dios y al Cordero por su misericordia y bondad amante hacia los hijos de los hombres.

1. Salmo 119:176.
2. Miqueas 7:18.
3. Ezequiel 34:12.
4. Romanos 3:11-12.
5. Isaías 53:5.
6. 1 S. Juan 3:1.
7. S. Juan 17:18; Colosenses 1:24.
8. Isaías 8:18.
9. S. Marcos 15:34.

Basado en S. Lucas 15:11-32.

EL FUGITIVO

Las parábolas de la oveja perdida, de la moneda perdida y del hijo pródigo, presentan en distintas formas el amor compasivo de Dios hacia los que se descarriaron de él. Aunque ellos se han alejado de Dios, él no los abandona en su miseria. Está lleno de bondad y tierna compasión hacia todos los que se hallan expuestos a las tentaciones del astuto enemigo.

En la parábola del hijo pródigo, se presenta el proceder del Señor con aquellos que conocieron una vez el amor del Padre, pero que han permitido que el tentador los llevara cautivos a su voluntad.

"Un hombre tenía dos hijos; y el menor de ellos dijo a su padre: Padre, dame la parte de los bienes que me corresponde; y les repartió los bienes. No muchos días después, juntándolo todo el hijo menor, se fue lejos a una provincia apartada".

Este hijo menor se había cansado de la sujeción a que estaba sometido en la casa de su padre. Le parecía que se le restringía su libertad. Interpretaba mal el amor y cuidado que le prodigaba su padre, y decidió seguir los dictados de su propia inclinación.

El joven no reconoce ninguna obligación hacia su padre, ni expresa gratitud; no obstante reclama el privilegio de un hijo en la participación de los bienes de su padre. Desea recibir ahora la herencia que le correspondería a la muerte de su padre. Está empeñado en gozar del presente, y no se preocupa de lo futuro.

Habiendo obtenido su patrimonio, fue "a una provincia apartada", lejos de la casa de su padre. Teniendo dinero en abundancia y libertad para hacer lo que le place, se lisonjea de haber logrado el deseo de su corazón. No hay quien le diga: No hagas esto, porque será perjudicial para ti; o: Haz esto porque es recto. Las malas compañías le ayudan a hundirse cada vez más profundamente en el pecado, y desperdicia "sus bienes viviendo perdidamente".

La Biblia habla de hombres que "profesando ser sabios, se hicieron necios";[1] y éste es el caso del joven de la parábola.

Despilfarra con rameras la riqueza que egoístamente reclamó de su padre. Malgasta el tesoro de su virilidad. Los preciosos años de vida, la fuerza del intelecto, las brillantes visiones de la juventud, las aspiraciones espirituales, todos son consumidos en el altar de la concupiscencia.

Sobreviene una gran hambre; comienza a sentir necesidad y se llega a uno de los ciudadanos de aquel país, quien lo envía al campo a apacentar cerdos. Para un judío ésta era la más mezquina y degradante de las ocupaciones. El joven que se había jactado de su libertad, ahora se encuentra esclavo. Está sometido al peor de los yugos: "Retenido... con las cuerdas de su pecado".[2] El esplendor y el brillo que lo ofuscaron han desaparecido, y siente el peso de su cadena. Sentado en el suelo de aquella tierra desolada y azotada por el hambre, sin otra compañía que los cerdos, se resigna a saciarse con los desperdicios con que se alimentan las bestias. No conserva la amistad de ninguno de los alegres compañeros que lo rodeaban en sus días de prosperidad y comían y bebían a costa suya. ¿Dónde está ahora su gozo desenfrenado? Tranquilizando su conciencia, amodorrando su sensibilidad, se creyó feliz; pero ahora, sin dinero, sufriendo de hambre, con su orgullo humillado, con su naturaleza moral empequeñecida, con su voluntad debilitada e indigna de confianza, con sus mejores sentimientos aparentemente muertos, es el más desventurado de los mortales.

¡Qué cuadro se presenta aquí de la condición del pecador! Aunque rodeado de las bendiciones del amor divino, no hay nada que el pecador, empeñado en la complacencia propia y los placeres pecaminosos, desee tanto como la separación de Dios. A semejanza del hijo desagradecido, pretende que las cosas buenas de Dios le pertenecen por derecho. Las recibe como una cosa natural, sin expresar agradecimiento ni prestar ningún servicio de amor. Así como Caín salió de la presencia del Señor para buscarse hogar; así como el pródigo vagó por "una provincia apartada", así los pecadores buscan la felicidad en el olvido de Dios.[3]

Cualquiera sea su apariencia, toda vida cuyo centro es el yo, se malgasta. Quienquiera que intente vivir lejos de Dios, está malgastando su sustancia, desperdiciando los años mejores, las facultades de la mente, el corazón y el alma, y labrando su propia bancarrota para la eternidad. El hombre que se separa de Dios para servirse a sí mismo, es esclavo de Mammón. La gente que Dios creó para asociarse con los ángeles, ha llegado a degradarse en el servicio de lo terreno y bestial. Este es el fin al cual conduce el servicio del yo. Si habéis escogido una vida tal, sabed que estáis gastando dinero en aquello que no es pan, y trabajando por lo que no satisface. Llegarán horas cuando os daréis cuenta de vuestra degradación. Solos en la provincia apartada, sentís vuestra miseria, y en vuestra desesperación clamáis: "¡Miserable de mí! ¿quién me librará de este cuerpo de muerte?"[4] Las palabras del profeta contienen la declaración de una verdad universal cuando dice: "Maldito el varón que confía en el hombre, y pone carne por su brazo, y su corazón se aparta de Jehová. Será como la retama en el desierto, y no verá cuando viene el bien, sino que morará en los sequedales en el desierto, en tierra despoblada y deshabitada".[5] Dios "hace salir su sol sobre malos y buenos, y... hace llover sobre justos e injustos";[6] pero los hombres poseen la facultad de privarse del sol y la lluvia. Así, mientras brilla el Sol de justicia, y las lluvias de gracia caen libremente para todos, podemos, separándonos de Dios, morar "en los sequedales en el desierto".

64

El amor de Dios aún implora al que ha escogido separarse de él, y pone en acción influencias para traerlo de vuelta a la casa del Padre. El hijo pródigo volvió en sí en medio de su desgracia. Fue quebrantado el engañoso poder que Satanás había ejercido sobre él. Se dio cuenta de que su sufrimiento era la consecuencia de su propia necedad, y dijo: "¡Cuántos jornaleros en casa de mi padre tienen abundancia de pan, y yo aquí perezco de hambre! Me levantaré e iré a mi padre". Desdichado como era, el pródigo halló esperanza en la convicción del amor de su padre. Fue ese amor el que lo atrajo hacia el hogar. Del mismo modo, la seguridad del amor de Dios constriñe al pecador a volverse a Dios. "Su benignidad... te guía al arrepentimiento".[7] La misericordia y compasión del amor divino, a manera de una cadena de oro, rodea a cada alma en peligro. El Señor declara: "Con amor eterno te he amado; por tanto, te prolongué mi misericordia".[8]

El hijo se decide a confesar su culpa. Irá al padre diciendo: "Padre, he pecado contra el cielo y contra ti. Ya no soy digno de ser llamado tu hijo". Pero agrega, mostrando cuán mezquino es su concepto del amor de su padre: "Hazme como a uno de tus jornaleros".

El joven se aparta de la piara y los desperdicios, y se dirige hacia su hogar. Temblando de debilidad, y desmayando de hambre, prosigue ansiosamente su camino. No tiene con qué ocultar sus harapos; pero su miseria ha vencido a su orgullo, y se apresura para pedir el lugar de un siervo donde una vez fuera hijo.

Poco se imaginaba el alegre e irreflexivo joven, cuando salía de la casa de su padre, el dolor y la ansiedad que dejaba en el corazón de ese padre. Mientras bailaba y banqueteaba con sus turbulentos compañeros, poco pensaba en la sombra que se había extendido sobre su casa. Y cuando con pasos cansados y penosos toma el camino que lleva a su casa, no sabe que hay uno que espera su regreso. Sin embargo, "cuando aún estaba lejos", su padre lo distinguió. El amor percibe rápidamente. Ni aun la degradación de los años de pecado puede ocultar al hijo de los ojos de su padre. El "fue movido a misericordia, y corrió, y se echó sobre su cuello", en un largo, estrecho y tierno abrazo.

El padre no había de permitir que ningún ojo despreciativo se burlara de la miseria y los harapos de su hijo. Saca de sus propios hombros el amplio y rico manto y cubre la forma demacrada de su hijo, y el joven solloza arrepentido, diciendo: "Padre, he pecado contra el cielo y contra ti, y ya no soy digno de ser llamado tu hijo". El padre lo retiene junto a sí, y lo lleva a la casa. No se le da oportunidad de pedir el lugar de un siervo. El es un hijo, que será honrado con lo mejor de que dispone la casa, y a quien los siervos y siervas habrán de respetar y servir.

El padre dice a sus siervos: "Sacad el mejor vestido, y vestidle; y poned un anillo en su mano, y calzado en sus pies. Y traed el becerro gordo y matadlo, y comamos y hagamos fiesta; porque este mi hijo muerto era, y ha revivido; se había perdido, y es hallado. Y comenzaron a regocijarse".

En su juventud inquieta el hijo pródigo juzgaba a su padre austero y severo. ¡Cuán diferente su concepto de él ahora! Del mismo modo, los que siguen a Satanás creen que Dios es duro y exigente. Creen que los observa para denunciarlos y condenarlos, y que no está dispuesto a recibir al pecador mientras tenga alguna excusa legal para no ayudarle. Consideran su ley como una restricción a la felicidad de los hombres, un yugo abrumador del que se libran con alegría. Pero aquel cuyos ojos han sido abiertos por el amor de Cristo, contemplará a Dios como un ser compasivo. No aparece como un ser tirano e implacable, sino como un padre que anhela abrazar a su hijo arrepentido. El pecador exclamará con el salmista: "Como el padre se compadece de los hijos, se compadece Jehová de los que le temen".[9]

En la parábola no se vitupera al pródigo ni se le echa en cara su mal proceder. El hijo siente que el pasado es perdonado y olvidado, borrado para siempre. Y así Dios dice al pecador: "Yo deshice como una nube tus rebeliones, y como niebla tus pecados".[10] "Perdonaré la maldad de ellos, y no me acordaré más de su pecado".[11] "Deje el impío su camino, y el hombre inicuo sus pensamientos, y vuélvase a Jehová, el cual tendrá de él misericordia, y al Dios nuestro, el cual será amplio en perdonar".[12] "En aquellos días y en aquel tiempo, dice Jehová, la maldad de Israel será buscada, y no aparecerá; y los pecados de Judá, y no se hallarán".[13]

¡Qué seguridad se nos da aquí de la buena voluntad de Dios para recibir al pecador arrepentido! ¿Has escogido tú, lector, tu propio camino? ¿Has vagado lejos de Dios? ¿Has procurado deleitarte con los frutos de la transgresión, para hallar tan sólo que se vuelven ceniza en tus labios? Y ahora, desperdiciados tus bienes, frustrados los planes de tu vida, y muertas tus esperanzas, ¿te sientes solo y abandonado? Hoy aquella voz que hace tiempo ha estado hablando a tu corazón, pero a la cual no querías escuchar, llega a ti distinta y clara: "Levantaos y andad, porque no es este el lugar de reposo, pues está contaminado, corrompido grandemente".[14] Vuelve a la casa de tu Padre. El te invita, diciendo: "Vuélvete a mí, porque yo te redimí".[15]

No prestéis oído a la sugestión del enemigo de permanecer lejos de Cristo hasta que os hayáis hecho mejores; hasta que seáis suficientemente buenos para ir a Dios. Si esperáis hasta entonces, nunca iréis. Cuando Satanás os señale vuestros vestidos sucios, repetid la promesa de Jesús: "Al que a mí viene, no le echo fuera".[16] Decid al enemigo que la sangre de Jesucristo limpia de todo pecado. Haced vuestra la oración de David: "Purifícame con hisopo, y seré limpio; lávame, y seré más blanco que la nieve".[17]

Levantaos e id a vuestro Padre. Desde una gran distancia él os saldrá al encuentro. Si dais, arrepentidos, un solo paso hacia él, se apresurará a rodearos con sus brazos de amor infinito. Su oído está abierto al clamor del alma contrita. El conoce el primer esfuerzo del corazón para llegar a él. Nunca se ofrece una oración, aun balbuceada, nunca se derrama una lágrima, aun en secreto, nunca se acaricia un deseo sincero, por débil que sea, de llegar a Dios, sin que el Espíritu de Dios vaya a su encuentro. Aun antes de que la oración sea pronunciada, o el anhelo del corazón sea dado a conocer, la gracia de Cristo sale al encuentro de la gracia que está obrando en el alma humana.

Vuestro Padre celestial os quitará los vestidos manchados por el pecado. En la hermosa profecía simbólica de Zacarías, el sumo sacerdote Josué, que estaba delante del ángel del Señor vestido con vestimentas viles, representa al pecador. Y el Señor dice: "Quitadle esas vestiduras viles. Y a él dijo: Mira que he quitado de ti tu pecado, y te he hecho vestir de ropas de gala... Y pusieron una mitra limpia sobre su cabeza, y le vistieron las ropas".[18] Precisamente así os vestirá Dios con "vestiduras de salvación", y os cubrirá con el "manto de justicia". "Bien que fuisteis echados entre los tiestos, seréis como alas de paloma cubiertas de plata, y sus plumas con amarillez de oro".[19]

"Me llevó a la casa del banquete, y su bandera sobre mí fue amor".[20] "Si anduvieres por mis caminos —declara él—,... entre éstos que aquí están te daré lugar",[21] aun entre los santos ángeles que rodean su trono.

"Como el gozo del esposo con la esposa, así se gozará contigo el Dios tuyo". "El salvará; se gozará sobre ti con alegría, callará de amor, se regocijará sobre ti con cánticos".[22] Y el cielo y la tierra se unirán en el canto de regocijo del Padre: "Porque este mi hijo muerto era, y ha revivido; se había perdido, y es hallado".

Hasta esta altura, en la parábola del Salvador no hay ninguna nota discordante que rompa la armonía de la escena de gozo; pero ahora Cristo introduce otro elemento. Cuando el pródigo vino al hogar, "su hijo mayor estaba en el campo; y cuando vino, y llegó cerca de la casa, oyó la música y las danzas; y llamando a uno de los criados, le preguntó qué era aquello. Y le dijo: Tu hermano ha venido; y tu padre ha hecho matar el becerro gordo, por haberle recibido bueno y sano. Entonces se enojó, y no quería entrar". Este hermano mayor no había compartido la ansiedad y los desvelos de su padre por el que estaba perdido. No participa, por lo tanto, del gozo del padre por el regreso del extraviado. Los cantos de regocijo no encienden ninguna alegría en su corazón. Inquiere de uno de los siervos la razón de la fiesta, y la respuesta excita sus celos. No irá a dar la bienvenida a su hermano perdido. Considera como un insulto a su persona el favor mostrado al pródigo.

Cuando el padre sale a reconvenirlo, se revelan el orgullo y la malignidad de su naturaleza. Presenta su propia vida en la casa de su padre como una rutina de servicio no recompensado, y coloca entonces en mezquino contraste el favor

manifestado al hijo recién llegado. Aclara el hecho de que su propio servicio ha sido el de un siervo más bien que el de un hijo. Cuando hubiera debido hallar gozo perdurable en la presencia de su padre, su mente descansaba en el provecho que provendría de su vida prudente. Sus palabras revelan que por esto él se ha privado de los placeres del pecado. Ahora si este hermano ha de compartir los dones de su padre, el hijo mayor se considera agraviado. Envidia el favor mostrado a su hermano. Demuestra claramente que si él hubiese estado en lugar de su padre, no hubiera recibido al pródigo. Ni aun lo reconoce como a un hermano, sino que habla fríamente de él como "tu hijo".

No obstante, el padre arguye tiernamente con él "Hijo —dice—, tú siempre estás conmigo, y todas mis cosas son tuyas". A través de todos estos años de la vida perdida de tu hermano, ¿no has tenido el privilegio de gozar de mi compañía?

Todas las cosas que podían contribuir a la felicidad de sus hijos estaban a su entera disposición. El hijo no necesitaba preocuparse de dones o recompensas. "Todas mis cosas son tuyas". Necesitas solamente creer en mi amor, y tomar los dones que se te otorgan liberalmente.

Un hijo se había ido por algún tiempo de la casa, no discerniendo el amor del padre. Pero ahora ha vuelto, y una corriente de gozo hace desaparecer todo pensamiento de desasosiego. "Este tu hermano era muerto, y ha revivido; se había perdido, y es hallado".

¿Se logró que el hermano mayor viera su propio espíritu vil y desagradecido? ¿Llegó a ver que aunque su hermano había obrado perversamente, era todavía su hermano? ¿Se arrepintió el hermano mayor de sus celos y de la dureza de su corazón? Concerniente a esto, Cristo

guardó silencio. Porque la parábola todavía se estaba desarrollando, y a sus oyentes les tocaba determinar cuál sería el resultado.

El hijo mayor representaba a los impenitentes judíos del tiempo de Cristo, y también a los fariseos de todas las épocas que miran con desprecio a los que consideran como publicanos y pecadores. Por cuanto ellos mismos no han ido a los grandes excesos en el vicio, están llenos de justicia propia. Cristo hizo frente a esos hombres cavilosos en su propio terreno. Como el hijo mayor de la parábola, tenían privilegios especiales otorgados por Dios. Decían ser hijos en la casa de Dios, pero tenían el espíritu del mercenario. Trabajaban, no por amor, sino por la esperanza de la recompensa. A su juicio, Dios era un patrón exigente. Veían que Cristo invitaba a los publicanos y pecadores a recibir libremente el don de su gracia —el don que los rabinos esperaban conseguir sólo mediante obra laboriosa y penitencia—, y se ofendían. El regreso del pródigo, que llenaba de gozo el corazón del Padre, solamente los incitaba a los celos.

La amonestación del padre de la parábola al hijo mayor, era una tierna exhortación del cielo a los fariseos. "Todas mis cosas son tuyas", no como pago, sino como don. Como el pródigo, las podéis recibir solamente como la dádiva inmerecida del amor del Padre.

La justificación propia no solamente induce a los hombres a tener un falso concepto de Dios, sino que también los hace fríos de corazón y criticones para con sus hermanos. El hijo mayor, en su egoísmo y celo, estaba listo para vigilar a su hermano, para criticar toda acción, y acusarlo por la menor deficiencia. Estaba listo para descubrir cada error, y agrandar todo mal acto. Así trataría de justificar su propio espíritu no perdonador. Muchos están haciendo lo mismo hoy día. Cuando un alma soporta sus primeras luchas contra un diluvio de tentaciones, ellos permanecen a su lado, porfiados, tercos, quejándose, acusando. Pueden pretender ser hijos de Dios, pero están manifestando el espíritu de Satanás. Por su actitud hacia sus hermanos, estos acusadores se colocan donde Dios no puede darles la luz de su presencia.

Muchos se están preguntando constantemente: "¿Con qué me presentaré ante Jehová, y adoraré al Dios Altísimo? ¿Me presentaré ante él con holocaustos, con becerros de un año? ¿Se agradará Jehová de millares de carneros, o de diez mil arroyos de aceite?" Pero, "oh hombre, él te ha declarado lo que es bueno, y qué pide Jehová de ti: solamente hacer justicia, y amar misericordia, y humillarte ante tu Dios".[23]

Este es el servicio que Dios ha escogido: "Desatar las ligaduras de impiedad, soltar las cargas de opresión, y dejar ir libres a los quebrantados, y que rompáis todo yugo..., y no te escondas de tu hermano".[24] Cuando comprendáis que sois pecadores salvados solamente por el amor de vuestro Padre celestial, sentiréis tierna compasión por otros que están sufriendo en el pecado. No afrontaréis más la miseria y el arrepentimiento con celos y censuras. Cuando el hielo del egoísmo de vuestros corazones se derrita, estaréis en armonía con Dios, y participaréis de su gozo por la salvación de los perdidos.

Es cierto que pretendes ser hijo de Dios, pero si esta pretensión es verdadera, es "tu hermano" el que "era muerto, y ha revivido; se había perdido, y es hallado". Está unido a ti por los vínculos más estrechos; porque Dios lo reconoce como hijo. Si niegas tu relación con él, demuestras que no eres sino un asalariado en la casa, y no hijo en la familia de Dios.

Aunque no os unáis para dar la bienvenida a los perdidos, el regocijo se producirá, y el que haya sido restaurado tendrá lugar junto al Padre y en la obra del Padre.

Aquel a quien se le perdona mucho, ama mucho. Pero vosotros estaréis en las tinieblas de afuera. Porque "el que no ama, no ha conocido a Dios; porque Dios es amor".[25]

1. Romanos 1:22.
2. Proverbios 5:22.
3. Romanos 1:28.
4. Romanos 7:24.
5. Jeremías 17:5-6.
6. S. Mateo 5:45.
7. Romanos 2:4.
8. Jeremías 31:3.
9. Salmo 103:13.
10. Isaías 44:22.
11. Jeremías 31:34.
12. Isaías 55:7.
13. Jeremías 50:20.
14. Miqueas 2:10
15. Isaías 44:22.
16. S. Juan 6:37.
17. Salmo 51:7.
18. Zacarías 3:4-5.
19. Isaías 61:10; Salmo 68:13.
20. Cantares 2:4.
21. Zacarías 3:7.
22. Isaías 62:5; Sofonías 3:17.
23. Miqueas 6:6-8.
24. Isaías 58:6-7.
25. 1 S. Juan 4:8.

Basado en S. Lucas 16:19-31.

COMO SE DECIDE NUESTRO DESTINO

En la parábola del hombre rico y Lázaro, Cristo muestra que los hombres deciden su destino eterno en esta vida. La gracia de Dios se ofrece a cada alma durante este tiempo de prueba. Pero si los hombres malgastan sus oportunidades en la complacencia propia, pierden la vida eterna. No se les concederá ningún tiempo de gracia adicional. Por su propia elección han constituido una gran sima entre ellos y su Dios.

Esta parábola presenta un contraste entre el rico que no ha hecho de Dios su sostén y el pobre que lo ha hecho. Cristo muestra que viene el tiempo en que será invertida la posición de las dos clases. Los que son pobres en los bienes de esta tierra, pero que confían en Dios y son pacientes en su sufrimiento, algún día serán exaltados por encima de los que ahora ocupan los puestos más elevados que puede dar el mundo, pero que no han rendido su vida a Dios.

"Había un hombre rico —dijo Cristo—, que se vestía de púrpura y de lino fino, y hacía cada día banquete con esplendidez. Había también un mendigo llamado Lázaro, que estaba echado a la puerta de aquel, lleno de llagas, y ansiaba saciarse de las migajas que caían de la mesa del rico".

El rico no pertenecía a la clase representada por el juez inicuo, que abiertamente declaraba que no hacía caso de Dios ni de los hombres. El rico pretendía ser hijo de Abrahán. No trataba con violencia al mendigo, ni lo echaba porque le era desagradable su aspecto. Si el pobre y repugnante individuo podía consolarse contemplándolo cuando entraba por su puerta, el rico estaba de acuerdo con que permaneciera allí. Pero revelaba una egoísta indiferencia a las necesidades de su hermano doliente.

Entonces no había hospitales en los cuales se cuidara a los enfermos. Se llamaba la atención de aquellos a quienes el Señor había confiado riquezas, hacia los doloridos y necesitados, para que éstos recibieran socorro y simpatía. Tal era el caso del mendigo y el rico. Lázaro necesi-

71

taba socorro en gran manera; porque no tenía amigos, hogar, dinero ni alimento. Sin embargo, mientras el rico noble podía suplir todas sus necesidades, lo dejaba en esa condición día tras día. El que podía aliviar grandemente los sufrimientos de su prójimo, vivía para sí, como muchos lo hacen hoy en día.

En la actualidad hay muchos, muy cerca de nosotros, que están hambrientos, desnudos y sin hogar. El descuido manifestado por nosotros al no dar de nuestros medios a esos necesitados y dolientes, nos carga con una culpabilidad que algún día temeremos afrontar. Toda avaricia es condenada como idolatría. Toda complacencia egoísta es una ofensa a la vista de Dios.

Dios había hecho del rico un mayordomo de sus medios, y su deber era atender casos tales como el del mendigo. Se había dado el mandamiento: "Amarás a Jehová tu Dios de todo tu corazón, y de toda tu alma, y con todas tus fuerzas", y "amarás a tu prójimo como a ti mismo".[1] El rico era judío, y conocía este mandato de Dios. Pero se olvidó de que era responsable por el uso de esos medios y capacidades que se le habían confiado. Las bendiciones del Señor descansaban abundantemente sobre él, pero las empleaba egoístamente, para honrarse a sí mismo y no a su Hacedor. Su obligación de usar esos dones para la elevación de la humanidad, era proporcional a esa abundancia. Tal era la orden divina, pero el rico no pensó en su obligación para con Dios. Prestaba dinero, y cobraba interés por lo que había prestado; pero no pagaba interés por lo que Dios le había prestado. Tenía conocimiento y talentos, pero no los utilizaba. Olvidado de su responsabilidad ante Dios, dedicaba al placer todas sus facultades. Todo lo que le rodeaba, su círculo de diversiones, la alabanza y la lisonja de sus

amigos, ministraba a su gozo egoísta. Tan absorto estaba en la sociedad de sus amigos que perdió todo sentido de su responsabilidad de cooperar con Dios en su ministración de misericordia. Tuvo oportunidad de entender la Palabra de Dios y practicar sus enseñanzas; pero la sociedad amadora del placer que él escogió ocupaba de tal manera su tiempo que se olvidó del Dios de la eternidad.

Vino el tiempo en que se realizó un cambio en la condición de los dos hombres. El pobre había sufrido todos los días, pero había sido paciente y soportado en silencio. Con el transcurso del tiempo murió y fue enterrado. No hubo lamentaciones por él; pero mediante su paciencia en los sufrimientos había testificado por Cristo, había soportado la prueba de su fe, y a su muerte se lo representa llevado por los ángeles al seno de Abrahán.

Lázaro representa a los pobres dolientes que creen en Cristo. Cuando suene la trompeta, y todos los que están en la tumba oigan la voz de Cristo y salgan, recibirán su recompensa; pues su fe en Dios no fue una mera teoría, sino una realidad.

"Murió también el rico, y fue sepultado. Y en el Hades alzó sus ojos, estando en tormentos, y vio de lejos a Abraham, y a Lázaro en su seno. Entonces él, dando voces, dijo: Padre Abraham, ten misericordia de mí, y envía a Lázaro para que moje la punta de su dedo en agua, y refresque mi lengua; porque soy atormentado en esta llama".

En la parábola Cristo estaba haciendo frente al público en su propio terreno. La doctrina de un estado de existencia consciente entre la muerte y la resurrección era sostenida por muchos de aquellos que estaban escuchando las palabras de Cristo. El Salvador conocía esas ideas, e ideó su parábola de manera tal que inculcara importantes verdades por medio de esas opiniones preconcebidas. Colocó ante sus oyentes un espejo en el cual se habían de ver a sí mismos en su verdadera relación con Dios. Empleó la opinión prevaleciente para presentar la idea que deseaba destacar en forma especial, es a saber, que el cielo no valora a los hombres de acuerdo con sus posesiones; pues todo lo que tiene le pertenece en calidad de un préstamo que el Señor le ha hecho. Y un uso incorrecto de estos dones lo colocará por debajo del hombre más pobre y más afligido que ama a Dios y confía en él.

Cristo desea que sus oyentes comprendan que es imposible que el hombre obtenga la salvación del alma después de la muerte. "Hijo —se le hace responder a Abrahán—, acuérdate que recibiste tus bienes en tu vida, y Lázaro también males; pero ahora éste es consolado aquí, y tú atormentado. Además de todo esto, una gran sima está puesta entre nosotros y vosotros, de manera que los que quisieren pasar de aquí a vosotros, no pueden, ni de allá pasar acá". Así Cristo presentó lo irremediable y desesperado que es buscar un segundo tiempo de gracia. Esta vida es el único tiempo que se le ha concedido al hombre para que él se prepare para la eternidad.

El hombre rico no había abandonado la idea de que él era un hijo de Abrahán, y en su aflicción se lo representa llamándolo para pedirle ayuda. "Padre Abraham —clamó—, ten misericordia de mí". No oró a Dios, sino a Abrahán. Así demostró que colocaba a Abrahán por encima de Dios, y que confiaba en su relación con Abrahán para obtener la salvación. El ladrón que se hallaba en la cruz dirigió su oración a Cristo. "Acuérdate de mí cuando vengas en tu reino",[2] dijo. Y al momento vino la respuesta: "De cierto te digo hoy —mientras cuelgo de la cruz con humillación y sufrimiento—: tú estarás conmigo en el paraíso". Pero el hombre rico oró a Abrahán, y su petición no fue concedida. Sólo Cristo es exaltado por "Príncipe y Salvador, para dar a Israel arrepentimiento y perdón de pecados". "Y en ningún otro hay salvación".[3]

El hombre rico había pasado su vida en la complacencia propia, y se dio cuenta demasiado tarde de que no había hecho provisión para la eternidad. Comprendió su insensatez, y pensó en sus hermanos, los que seguirían el mismo camino que él, viviendo para agradarse a sí mismos. Entonces hizo esta petición: "Te ruego, pues, padre, que le envíes [a Lázaro] a la casa de mi padre, porque tengo cinco hermanos, para que les testifique, a fin de que no vengan ellos también a este lugar de tormento". Pero Abrahán le dijo: "A Moisés y a los profetas tienen; óiganlos. El entonces dijo: No, padre Abraham; pero si alguno fuere a ellos de los muertos, se arrepentirán. Mas Abraham le dijo: Si no oyen a Moisés y a los profetas, tampoco se persuadirán aunque alguno se levantare de los muertos".

Cuando el hombre rico solicitó evidencia adicional para sus hermanos, se le dijo sencillamente que si se les concediera tal evidencia no se convencerían. Su pedido implica un reproche a Dios. Era como si el rico hubiera dicho: "Si me hubieses amonestado cabalmente, no estaría hoy aquí". Se lo presenta a Abrahán respondiendo a este pedido de la siguiente forma: "Tus hermanos han sido suficientemente amonestados. Se les ha concedido luz, pero ellos no quisieron ver; se les ha presentado la verdad, pero no la quisieron oír".

"Si no oyen a Moisés y a los profetas, tampoco se persuadirán, aunque alguno se levantare de los muertos". Estas palabras demostraron ser ciertas en la historia de la nación judía. El último y culminante milagro de Cristo fue la resurrección de Lázaro de Betania, después que había estado muerto durante cuatro días. Se les concedió a los judíos esta maravillosa evidencia de la divinidad del Salvador, pero la rechazaron. Lázaro se levantó de los muertos, y presentó ante ellos su testimonio, pero endurecieron su corazón contra toda evidencia, y hasta trataron de quitarle la vida.[4]

La ley y los profetas son los agentes señalados por Dios para la salvación de los hombres. Cristo dijo: Presten ellos oído a estas evidencias. Si no escuchan la voz de Dios en su Palabra, el testimonio de un ser levantado de los muertos no será escuchado.

Aquellos que prestan oído a Moisés y a los profetas no necesitarán más luz o conocimiento de los que Dios les ha dado; pero si los hombres rechazan la luz, y dejan de apreciar las oportunidades que les fueron otorgadas, no oirían si uno de los muertos fuera a ellos con un mensaje. No se convencerían ni aun por esta evidencia; porque aquellos que rechazan la ley y los profetas endurecen de tal suerte su corazón que rechazarían toda luz.

La conversación sostenida entre Abrahán y el hombre que una vez fuera rico es figurada. La lección que hemos de sacar de ella es que a todo hombre se le ha concedido el conocimiento suficiente para la realización de los deberes que de él se exigen. Las responsabilidades del hombre son proporcionales a sus oportunidades y privilegios. Dios concede a cada uno la luz y la gracia suficientes para que efectúe la obra que le ha dado. Si el hombre deja de hacer lo que una pequeña luz le muestra que es su deber, una mayor cantidad de luz revelará únicamente infidelidad y negligencia en aprovechar las bendiciones concedidas. "El que es fiel en lo muy poco, también en lo más es fiel; y el que en lo muy poco es injusto, también en lo más es injusto".[5] Aquellos que rehúsan ser iluminados por Moisés y los profetas, y piden que se realice algún maravilloso milagro, no se convencerían tampoco si su deseo se realizara.

La parábola del hombre rico y Lázaro muestra cómo son vistas en el mundo invisible las dos clases que se representan. No hay ningún pecado en ser rico, si las riquezas no se adquieren injustamente. Un hombre rico no es condenado por tener riquezas; pero la condenación descansa sobre él si los medios que se le han confiado son gastados egoístamente. Mucho mejor sería que colocara su dinero ante el trono de Dios, usándolo para lo bueno. La muerte no puede convertir en pobre a un hombre que de esta manera se dedica a buscar las riquezas eternas. Pero el hombre que amontona para sí su tesoro, no puede llevar nada de él al cielo. Ha demostrado ser un mayordomo infiel. Durante toda su vida tuvo sus buenas cosas, pero se olvidó de su obligación para con Dios. Dejó de obtener el tesoro celestial.

El hombre rico que tenía tantos privilegios nos es presentado como uno que debió haber cultivado sus dones, de manera que sus obras trascendiesen hasta el gran más allá, llevando consigo ventajas espirituales aprovechadas. Es el propósito de la redención, no solamente borrar el pecado, sino devolver al hombre los dones espirituales perdidos a causa del poder empequeñecedor del pecado. El dinero no puede ser llevado a la vida futura; no se necesita allí; pero las buenas acciones efectuadas en la salvación de las almas para Cristo son llevadas a los atrios del cielo. Mas aquellos que emplean egoístamente los dones del Señor para sí mismos, dejando sin ayuda a sus semejantes necesitados, y no haciendo nada porque prospere la obra de Dios en el mundo, deshonran a su Hacedor. Frente a sus nombres en los libros del cielo está escrito: "Robó a Dios".

El hombre rico tenía todo lo que el dinero puede procurar, pero no poseía las riquezas que habrían conservado bien su cuenta con Dios. Vivió como si todo lo que poseía fuera suyo. Había descuidado el llamamiento de Dios y los clamores de los pobres que sufrían. Pero al fin viene un llamado que él no puede eludir. Por un poder al cual no le es posible objetar ni resistir, se le ordena que renuncie a las posesiones de las cuales él ya no es mayordomo. El hombre que una vez fuera rico es reducido a una desesperada pobreza. El manto de la justicia de Cristo, tejido en el telar del cielo, nunca podrá cubrirlo. El que una vez usara la púrpura más rica, el lino más fino, es reducido a la desnudez. Su tiempo de gracia ha terminado. Nada trajo al mundo, y nada puede llevar de él.

Cristo levantó el velo, y presentó el cuadro ante los sacerdotes y los gobernantes, los escribas y los fariseos. Contempladlo vosotros, los que sois ricos en los bienes de este mundo, y no sois ricos en lo que a Dios respecta. ¿No contemplaréis esta escena? Aquello que es altamente estimado entre los hombres es aborrecible a la vista de Dios. Cristo pregunta: "¿Qué aprovechará al hombre si ganare todo el mundo, y perdiere su alma? ¿O qué recompensa dará el hombre por su alma?"[6]

La aplicación a la nación judía

Cuando Cristo presentó la parábola del hombre rico y Lázaro, había muchos hombres, en la nación judía, que se hallaban en la miserable condición del hombre rico, que usaban los bienes del Señor para su complacencia egoísta, preparándose

para oír la sentencia: "Pesado has sido en balanza, y fuiste hallado falto".[7] El hombre rico fue favorecido con toda bendición temporal y espiritual, pero rehusó cooperar con Dios en el empleo de esas bendiciones. Tal ocurrió con la nación judía. El Señor había hecho de los judíos los depositarios de la verdad sagrada. Los había convertido en mayordomos de su gracia. Les había dado toda ventaja espiritual y temporal y los llamó para que impartieran esas bendiciones. Se les había impartido instrucción especial con respecto a la forma de tratar a sus hermanos que habían caído en la pobreza, al extranjero que estuviese dentro de sus puertas y al pobre que se encontraba entre ellos. No habían de tratar de buscar todas las cosas para su propia ventaja, sino que habían de recordar a aquellos que se hallaban en necesidad, para compartir con ellos sus bienes. Y Dios prometió bendecirlos de acuerdo con sus hechos de amor y misericordia. Pero a semejanza del hombre rico, ellos no habían cooperado para aliviar las necesidades materiales y espirituales de la doliente humanidad. Llenos de orgullo, se consideraban como el pueblo escogido y favorecido por Dios; sin embargo no servían ni adoraban a Dios. Colocaban su esperanza en el hecho de que eran hijos de Abrahán: "Linaje de Abraham somos",[8] decían con orgullo. Cuando vino la crisis, se reveló que se habían divorciado de Dios, y habían colocado su esperanza en Abrahán, como si él fuera Dios.

Cristo anhelaba hacer brillar la luz dentro de las mentes entenebrecidas del pueblo judío. Les dijo: "Si fueseis hijos de Abraham, las obras de Abraham haríais. Pero ahora procuráis matarme a mí, hombre que os he hablado la verdad, la cual he oído de Dios; no hizo esto Abraham".[9]

Cristo no reconoció ninguna virtud en

el linaje. El enseñó que la relación espiritual sobrepuja toda relación natural. Los judíos pretendían haber descendido de Abrahán; mas al dejar de hacer las obras de Abrahán demostraron no ser verdaderos hijos. Tan sólo aquellos que demuestran estar espiritualmente en armonía con Abrahán, al obedecer la voz de Dios, son considerados como sus verdaderos descendientes. Aunque el mendigo perteneciera a la clase que los hombres consideraban inferior, Cristo lo reconoció como a uno con quien Abrahán hubiera tenido la más íntima amistad.

El hombre rico, aunque rodeado de todos los lujos de la vida, era tan ignorante que colocó a Abrahán en el lugar donde debía haber estado Dios. Si hubiera apreciado sus exaltados privilegios, y hubiera permitido que el Espíritu de Dios modelara su mente y su corazón, habría tenido una posición completamente distinta. Esto ocurría también con la nación a la cual representaba. Si hubieran respondido al llamamiento divino, su futuro habría sido completamente distinto. Habrían demostrado verdadero discernimiento espiritual. Tenían medios que Dios habría multiplicado, haciendo que fueran suficientes para bendecir e iluminar a todo el mundo. Pero se habían separado tanto de las disposiciones de Dios que su vida entera fue pervertida. No usaron sus dones como mayordomos de Dios, de acuerdo con la verdad y la justicia. La eternidad no figuraba en sus cálculos, y el resultado de su infidelidad fue la ruina de toda la nación.

Cristo sabía que en ocasión de la destrucción de Jerusalén los judíos recordarían su amonestación. Y así fue. Cuando la calamidad vino sobre Jerusalén, cuando el hambre y sufrimientos de todo género azotaron al pueblo, los judíos recordaron esas palabras de Cristo, y comprendieron su parábola. Ellos se habían acarreado el sufrimiento por no dejar que la luz que Dios les concediera iluminara el mundo.

En los últimos días

Las escenas finales de la historia de esta tierra se hallan presentadas en la parte final de la historia del hombre rico. Este pretendía ser hijo de Abrahán, pero se hallaba separado de él por un abismo insalvable, esto es, un carácter equivocadamente desarrollado. Abrahán sirvió a Dios, siguiendo su palabra con fe y obediencia. Pero el hombre rico no se preocupaba de Dios ni de las necesidades de la doliente humanidad. El gran abismo que existía entre él y Abrahán era el abismo de la desobediencia. Hay muchos hoy día que están siguiendo la misma conducta. Aunque son miembros de la iglesia, no están convertidos. Puede ser que tomen parte en el culto, puede ser que canten el salmo: "Como el ciervo brama por las corrientes de las aguas, así clama por ti, oh Dios, el alma mía",[10] pero dan testimonio de falsedad. No son más justos a la vista de Dios que los más señalados pecadores. El alma que suspira por la excitación de los placeres mundanos, la mente que ama la ostentación, no puede servir a Dios. Como el rico de la parábola, una persona tal no siente inclinación a luchar contra los deseos de la carne. Se deleita en la complacencia del apetito. Escoge la atmósfera del pecado. Es de repente arrebatado por la muerte, y desciende al sepulcro con el carácter que ha formado durante su vida de compañerismo con los agentes satánicos. En el sepulcro no tiene poder de escoger nada, sea bueno o malo; porque el día que el hombre muere, perecen sus pensamientos.[11]

Cuando la voz de Dios despierte a los muertos, él saldrá del sepulcro con los mismos apetitos y pasiones, los mismos gustos y aversiones que poseía en vida. Dios no obra ningún milagro para regenerar al hombre que no quiso ser regenerado cuando se le concedió toda oportunidad y se le proveyó toda facilidad para ello. Mientras vivía no halló deleite en Dios, ni halló placer en su servicio. Su carácter no se halla en armonía con Dios y no podría ser feliz en la familia celestial.

Hoy día existe una clase de personas en nuestro mundo que tienen la justicia propia. No son glotones, no son borrachos, no son incrédulos; pero quieren vivir para sí mismos, no para Dios. El no se halla en sus pensamientos; por consiguiente se los clasifica con los incrédulos. Si les fuera posible entrar por las puertas de la ciudad de Dios, no podrían tener derecho al árbol de la vida; porque cuando los mandamientos de Dios fueron presentados ante ellos con todos sus requerimientos dijeron: No. No han servido a Dios aquí; por consiguiente no lo servirían en lo futuro. No podrían vivir en su presencia, y no se sentirían a gusto en ningún lugar del cielo.

Aprender de Cristo significa recibir su gracia, la cual es su carácter. Pero aquellos que no aprecian ni aprovechan las preciosas oportunidades y las sagradas influencias que les son concedidas en la tierra, no están capacitados para tomar parte en la devoción pura del cielo. Su carácter no está modelado de acuerdo con la similitud divina. Por su propia negligencia han formado un abismo que nada puede salvar. Entre ellos y la justicia se ha formado una gran sima.

1. Deuteronomio 6:5; Levítico 19:18.
2. S. Lucas 23:42.
3. Hechos 5:31; 4:12.
4. S. Juan 12:9-11.
5. S. Lucas 16:10.
6. Marcos 8:36-37.
7. Daniel 5:27.
8. S. Juan 8:33.
9. S. Juan 8:39-40.
10. Salmo 42:1.
11. Salmo 146:4; Eclesiastés 9:5-6.

Basado en S. Lucas 16:1-9.

EL MAYORDOMO INFIEL

La venida de Cristo se produjo en un tiempo de intensa mundanalidad. Los hombres estaban subordinando lo eterno a lo temporal, los requerimientos del futuro a los asuntos del presente. Tomaban los fantasmas por realidades, y las realidades por fantasmas. No contemplaban por la fe el mundo invisible. Satanás les presentaba las cosas de esta vida como sumamente atractivas y absorbentes, y prestaban atención a sus tentaciones.

Cristo vino para cambiar este orden de cosas. Procuró romper el encantamiento que enfatuaba y entrampaba a los hombres. En sus enseñanzas, trató de ajustar los requerimientos del cielo y de la tierra, y de desviar los pensamientos de los hombres de lo presente a lo futuro. En vez de perseguir las cosas temporales, los invitó a hacer provisión para la eternidad.

"Había un hombre rico —dijo él— que tenía un mayordomo, y éste fue acusado ante él como disipador de sus bienes". El rico había dejado todas sus posesiones en las manos de este siervo; pero el siervo era infiel y el amo estaba convencido de que se le estaba robando sistemáticamente. Resolvió no retenerlo en su servicio, y pidió que fuesen investigadas sus cuentas. "¿Qué es esto —dijo— que oigo acerca de ti? Da cuenta de tu mayordomía, porque ya no podrás más ser mayordomo".

Al verse condenado a ser despedido, el mayordomo vio tres caminos abiertos a su elección. Tendría que trabajar, mendigar o morirse de hambre. Y dijo para sí: "¿Qué haré? Porque mi amo me quita la mayordomía. Cavar, no puedo; mendigar, me da vergüenza. Ya sé lo que haré para que cuando me quite de la mayordomía, me reciban en sus casas. Y llamando a cada uno de los deudores de su amo, dijo al primero: ¿Cuánto debes a mi amo? El dijo: Cien barriles de aceite. Y le dijo: Toma tu cuenta, siéntate pronto, y escribe cincuenta. Después dijo a otro: Y tú, ¿cuánto debes? Y él dijo: Cien medidas de trigo. El le dijo: Toma tu cuenta, y escribe ochenta".

"Y alabó el amo al mayordomo malo por

haber hecho sagazmente". El hombre del mundo alabó el ingenio del que lo había defraudado. Pero el elogio del rico no es el elogio de Dios.

Cristo no elogió al mayordomo injusto, pero empleó este caso bien conocido para ilustrar la lección que deseaba enseñar. "Ganad amigos por medio de las riquezas injustas —dijo—, para que cuando éstas falten, [ellos] os reciban en las moradas eternas".[1]

El Salvador había sido censurado por los fariseos por tratar con publicanos y pecadores; pero su interés en ellos no disminuyó, ni cesaron sus esfuerzos por ellos. El vio que su empleo los inducía a la tentación. Estaban rodeados por incitaciones a hacer lo malo. Era fácil dar el primer paso malo, y el descenso era rápido para llegar a mayor falta de honradez y a mayores delitos. Cristo estaba tratando por todos los medios de ganarlos a principios más nobles y fines más elevados. Este era el propósito que tenía presente al relatar la historia del mayordomo infiel. Había habido entre los publicanos un caso como el presentado en la parábola, y en la descripción hecha por Cristo reconocieron ellos sus propias prácticas. Esto llamó su atención, y por el cuadro de sus prácticas faltas de honradez, muchos aprendieron una lección de verdad espiritual.

Sin embargo, la parábola se dirigía directamente a los discípulos. A ellos primero fue impartida la levadura de la verdad, y por su medio ésta había de alcanzar a otros. Gran parte de la enseñanza de Cristo no era comprendida por los discípulos al principio, y en consecuencia sus lecciones parecían casi olvidadas. Pero bajo la influencia del Espíritu Santo esas verdades revivieron más tarde con claridad, y por medio de los discípulos fueron presentadas vívidamente a los nuevos conversos que se añadían a la iglesia.

Y el Salvador hablaba también a los fariseos. El no perdía la esperanza de que percibieran la fuerza de sus palabras. Muchos habían sido convencidos profundamente, y al oír la verdad bajo el dictado del Espíritu Santo, no pocos llegarían a creer en Cristo.

Los fariseos habían tratado de desacreditar a Cristo acusándolo de tratarse con publicanos y pecadores. Ahora él vuelve el reproche contra sus acusadores. La escena que se sabía había ocurrido entre los publicanos, la presenta ante los fariseos, tanto para representar su conducta como para demostrar la única manera por la cual podían redimir errores.

Los bienes de su Señor habían sido confiados al mayordomo infiel con propósitos de benevolencia; pero éste los había usado para sí. Así también había hecho Israel. Dios había elegido la simiente de Abrahán. Con brazo poderoso la había librado de la servidumbre de Egipto. La había hecho depositaria de la verdad sagrada para bendición del mundo. Le había confiado los oráculos vivos para que comunicase la luz a otros. Pero sus mayordomos habían empleado estos dones para enriquecerse y exaltarse a sí mismos.

Los fariseos, llenos de un sentimiento de su propia importancia y justicia propia, estaban aplicando mal los bienes que Dios les había prestado para que los empleasen en glorificarlo.

En la parábola, el siervo no había hecho provisión para el futuro. Los bienes a él confiados para beneficio de otros, los había empleado para sí mismo. Pero había pensado solamente en el presente. Cuando se le quitase la mayordomía, no tendría nada que pudiese llamar suyo. Pero todavía estaban en sus manos los bienes de su señor, y resolvió emplearlos para asegurarse contra necesidades futuras. A fin de lograr esto debía trabajar según un nuevo plan. En vez de juntar para sí, debía impartir a otros. Así podría conseguir amigos que lo recibieran, cuando se lo hubiese desechado. Así también ocurría con los fariseos. Pronto se les iba a quitar la mayordomía, y estaban llamados a proveer para el futuro. Unicamente buscando el bien de otros, podían beneficiarse a sí mismos. Unicamente impartiendo los dones de Dios en la vida presente, podían proveer para la eternidad.

Después de relatar su parábola, Cristo dijo: "Los hijos de este siglo son más sagaces en el trato con sus semejantes que los hijos de luz". Es decir, que los hombres sabios de este mundo manifiestan más sabiduría y fervor en servirse a sí mismos que los que profesan servir a Dios en el servicio que le prestan. Así sucedía en los días de Cristo, y así sucede hoy. Miremos la vida de muchos de los que aseveran ser cristianos. El Señor los ha dotado de capacidad, poder e influencia; les ha confiado dinero, a fin de que sean colaboradores con él en la gran redención. Todos estos dones han de ser empleados en beneficiar a la humanidad, en aliviar a los dolientes y menesterosos. Debemos alimentar a los hambrientos, vestir a los desnudos, cuidar de la viuda y los huérfanos, servir a los angustiados y oprimidos. Dios no quiso nunca que existiese la extensa miseria que hay en el mundo. Nunca quiso que un hombre tuviese abundancia de los lujos de la vida mientras que los hijos de otros llorasen por pan. Los recursos que superan las necesidades reales de la vida, son confiados al hombre para hacer bien, para beneficiar a la humanidad. El Señor dice: "Vended lo que poseéis, y dad limosna". Sed "dadivosos, generosos". "Cuando hagas banquete, llama a los pobres, los mancos, los cojos y los ciegos".[2] "Desatar las ligaduras

de impiedad, soltar las cargas de opresión, y dejar ir libres a los quebrantados", "que rompáis todo yugo". "Que partas tu pan con el hambriento", que "a los pobres errantes albergues en casa". "Cuando veas al desnudo, lo cubras". Que "saciares al alma afligida". "Id por todo el mundo y predicad el evangelio a toda criatura".[3] Estas son las órdenes del Señor. ¿Está haciendo esta obra el conjunto de los que profesan ser cristianos?

¡Cuántos hay que están apropiando para sí los dones de Dios! ¡Cuántos están añadiendo una casa a otra y un terreno a otro! ¡Cuántos están gastando su dinero en placeres para satisfacer el apetito, conseguir casas, muebles y vestiduras extravagantes! Dejan a sus semejantes en la miseria y el crimen, la enfermedad y la muerte. Multitudes están pereciendo sin una mirada de compasión, ni una palabra, ni una acción de simpatía.

Los hombres se hacen culpables de robar a Dios. Su empleo egoísta de los recursos que tienen, priva al Señor de la gloria que debiera tributársele mediante el alivio de la humanidad doliente y la salvación de las almas. Están cometiendo desfalcos con los bienes que él les ha confiado. El Señor declara: "Y vendré a vosotros para juicio; y seré pronto testigo contra los... que defraudan en su salario al jornalero, a la viuda y al huérfano, y los que hacen injusticia al extranjero". "¿Robará el hombre a Dios? Pues vosotros me habéis robado. Y dijisteis: ¿En qué te hemos robado? En vuestros diezmos y ofrendas. Malditos sois con maldición, porque vosotros, la nación toda, me habéis robado". "¡Vamos ahora, ricos!... Vuestras riquezas están podridas, y vuestras ropas están comidas de polilla. Vuestro oro y plata están enmohecidos, y su moho testificará contra vosotros... Habéis acumulado tesoros para los días postreros". "Habéis vivido en deleites sobre la tierra, y sido disolutos". "He aquí, clama el jornal de los obreros que han cosechado vuestras tierras, el cual por engaño no les ha sido pagado por vosotros; y los clamores de los que habían segado han entrado en los oídos del Señor de los ejércitos".[4]

A cada uno se le pedirá que entregue los dones que le fueron confiados. En el día del juicio final, las riquezas que los hombres hayan acumulado no les valdrán de nada. No tienen nada que pueden llamar suyo.

Los que pasan la vida acumulando tesoro mundanal, manifiestan menos sabiduría, menos reflexión y cuidado por su bienestar eterno de lo que manifestaba el mayordomo infiel por su sostén terrenal. Menos sabios que los hijos de este mundo en su generación son los que profesan ser hijos de la luz. Son aquellos de quienes el profeta declaró en su visión del gran juicio final: "Aquel día arrojará el hombre a los topos y murciélagos sus ídolos de plata y sus ídolos de oro, que le hicieron para que adorase, y se meterá en las hendiduras de las rocas y en las cavernas de las peñas, por la presencia formidable de Jehová, y por el resplandor de su majestad, cuando se levante para castigar la tierra".[5]

"Haceos de amigos por medio del lucro de injusticia —dice Cristo—, para que, cuando éste os falte, os reciban en las moradas eternas".[6] Dios, Cristo y sus ángeles ministran todos a los afligidos, los dolientes y los pecadores. Entregaos a Dios para esta obra, emplead sus dones con este propósito, y os asociaréis con los ángeles celestiales. Vuestro corazón latirá al unísono con el de ellos. Os asimilaréis a ellos en carácter. Estos habitantes de las moradas eternas no serán extraños para vosotros. Cuando hayan terminado las cosas terrenales, los centinelas de las

puertas del cielo os darán la bienvenida.

Los medios usados para beneficiar a otros producirán recompensas. Las riquezas debidamente empleadas realizarán mucho bien. Se ganarán almas para Cristo. El que sigue el plan de vida de Cristo verá en las cortes celestiales a aquellos por quienes ha trabajado y se ha sacrificado en la tierra. Los redimidos recordarán agradecidos a los que han sido instrumentos de su salvación. El cielo será algo precioso para los que hayan sido fieles en la obra de ganar almas.

La lección de esta parábola es para todos. Cada uno será tenido por responsable de la gracia a él dada por medio de Cristo. La vida es demasiado solemne para ser absorbida en asuntos temporales o terrenales. El Señor desea que comuniquemos a otros aquello que el Eterno c Invisible nos comunica.

Cada año, millones y millones de almas humanas pasan a la eternidad sin haber sido amonestadas ni salvadas. De hora en hora, en nuestra vida variada, se nos presentan oportunidades de alcanzar y salvar almas. Las oportunidades llegan y se van continuamente. Dios desea que las aprovechemos hasta lo sumo. Pasan los días, las semanas y los meses y tenemos un día, una semana, un mes menos en que hacer nuestra obra. Algunos años más, cuando mucho, y la voz a la cual no podemos negarnos a contestar, será oída diciendo: "Da cuenta de tu mayordomía".

Cristo invita a todos a reflexionar. Haced cálculos honrados. Poned en un platillo de la balanza a Jesús, que significa tesoro eterno, vida, verdad, cielo, y el gozo de Cristo en las almas redimidas; poned en el otro todas las atracciones que el mundo pueda ofrecer. En un platillo de la balanza poned la pérdida de vuestra propia alma y de las almas de aquellos para cuya salvación podríais haber sido un

instrumento; en el otro, para vosotros y para ellos, una vida que se mide con la vida de Dios. Pesad para el tiempo y la eternidad. Mientras estáis así ocupados, Cristo habla: "¿Qué aprovechará al hombre si ganare todo el mundo, y perdiere su alma?"[7]

Dios desea que escojamos lo celestial en vez de lo terrenal. Nos presenta las posibilidades de una inversión celestial. Quisiera estimular nuestros más elevados blancos, asegurar nuestro más selecto tesoro. Declara: "Haré más precioso que el oro fino al varón, y más que el oro de Ofir al hombre".[8] Cuando hayan sido arrasadas las riquezas que la polilla devora y el moho corrompe, los seguidores de Cristo podrán regocijarse en su tesoro celestial, las riquezas imperecederas.

Mejor que toda la amistad del mundo es la amistad de los redimidos de Cristo. Mejor que un título de propiedad para el palacio más noble de la tierra es un título a las mansiones que nuestro Señor ha ido a preparar. Y mejores que todas las palabras de alabanza terrenal, serán las palabras del Salvador a sus siervos fieles: "Venid, benditos de mi Padre, heredad el reino preparado para vosotros desde la fundación del mundo".[9]

A aquellos que hayan despilfarrado sus bienes, Cristo da todavía oportunidad de obtener riquezas duraderas. El dice: "Dad, y se os dará". "Haceos bolsas que no se envejezcan, tesoro en los cielos que no se agote, donde ladrón no llega, ni polilla destruye". "A los ricos de este siglo manda... que hagan bien, que sean ricos en buenas obras, dadivosos, generosos; atesorando para sí buen fundamento para lo por venir, que echen mano de la vida eterna".[10]

Permitid, pues, que vuestra propiedad vaya antes que vosotros al cielo. Haceos tesoros junto al trono de Dios. Aseguraos vuestro título a las riquezas insondables de Cristo. "Haceos de amigos por medio del lucro de injusticia, para que, cuando éste os falte, os reciban en las moradas eternas".[11]

1. S. Lucas 16:9.
2. S. Lucas 12:33; 1 Timoteo 6:18; S. Lucas 14:13.
3. Isaías 58:6-7, 10; S. Marcos 16:15.
4. Malaquías 3:5, 8-9;
5. Isaías 2:20-21.
6. Versión de "Los Cuatro Evangelios", Nueva York, 1913.
7. S. Marcos 8:36.
8. Isaías 13.12.
9. S. Mateo 25:34.
10. S. Lucas 6:38; 12:33; 1 Timoteo 6:17-19.
11. Versión de "Los Cuatro Evangelios", Nueva York, 1913.

¿ERES TU MI PROJIMO?

Entre los judíos la pregunta "¿Quién es mi prójimo?" causaba interminables disputas. No tenían dudas con respecto a los paganos y los samaritanos. Estos eran extranjeros y enemigos. ¿Pero dónde debía hacerse la distinción entre el pueblo de su propia nación y entre las diferentes clases de la sociedad? ¿A quién debía, el sacerdote, el rabino, el anciano considerar como su prójimo? Ellos gastaban su vida en una serie de ceremonias para hacerse puros. Enseñaban que el contacto con la multitud ignorante y descuidada causaría impureza, la que exigiría un arduo trabajo quitar. ¿Debían considerar a los "impuros" como sus prójimos?

Cristo contestó esta pregunta en la parábola del buen samaritano. Mostró que nuestro prójimo no significa una persona de la misma iglesia o la misma fe a la cual pertenecemos. No tiene que ver con la raza, el color o la distinción de clase. Nuestro prójimo es toda persona que necesita ayuda. Nuestro prójimo es toda alma que está herida y magullada por el adversario. Nuestro prójimo es todo el que pertenece a Dios.

La parábola del buen samaritano fue suscitada por una pregunta que le hizo a Cristo un doctor de la ley. Mientras el Salvador estaba enseñando, "un intérprete de la ley se levantó y dijo, para probarle: Maestro, ¿haciendo qué cosa heredaré la vida eterna?" Los fariseos habían sugerido esta pregunta al doctor de la ley, con la esperanza de que pudieran entrampar a Cristo en sus palabras, y escucharon ávidamente para ver qué respondería. Pero el Salvador no entró en controversias. Le exigió la contestación al mismo que había preguntado. "¿Qué está escrito en la ley? —le interrogó—. ¿Cómo lees?" Los judíos todavía acusaban a Cristo de considerar livianamente la ley dada desde el Sinaí, pero él volvió la pregunta referente a la salvación hacia la observancia de los mandamientos de Dios.

El doctor dijo: "Amarás al Señor tu Dios con todo tu corazón, y con toda tu alma, y con todas tus fuerzas, y con toda tu mente; y a tu prójimo como a ti mismo". "Bien has respondido —contestó Cristo—; haz esto y vivirás".

El doctor de la ley no estaba satisfecho con la posición y las obras de los fariseos. Había estado estudiando las Escrituras con el deseo de conocer su verdadero significado. Tenía interés vital en el asunto, y preguntó sinceramente: "¿Haciendo qué cosa?" En su contestación referente a los requisitos de la ley, él pasó por alto todo el cúmulo de preceptos ceremoniales y rituales. A éstos no les atribuyó ningún valor, pero presentó los dos grandes principios de los cuales depende toda la ley y los profetas. La alabanza que hizo el Salvador de esta respuesta colocó a Cristo en una situación ventajosa con respecto a los rabinos. No podían condenarlo por sancionar lo que había sido presentado por un expositor de la ley.

"Haz esto y vivirás", dijo Cristo. En su enseñanza, siempre presentaba la ley como una unidad divina, mostrando que es imposible guardar un precepto y violar otro; porque el mismo principio los permea a todos. El destino del hombre quedará determinado por su obediencia a toda la ley.

Cristo sabía que nadie podía obedecer la ley por su propia fuerza. El quería inducir al doctor a una investigación más clara y más crítica, de manera que pudiera hallar la verdad. Unicamente aceptando la virtud y la gracia de Cristo podemos guardar la ley. La creencia en la propiciación por el pecado habilita al hombre caído a amar a Dios con todo el corazón, y a su prójimo como a sí mismo.

El doctor sabía que no había guardado ni los primeros cuatro ni los últimos seis mandamientos. Fue convencido por las escrutadoras palabras de Cristo, pero en vez de confesar su pecado, trató de excusarlo. En vez de reconocer la verdad, trató

de mostrar cuán difícil era cumplir los mandamientos. Así esperaba rechazar la convicción y defenderse ante los ojos del pueblo. Las palabras del Salvador habían demostrado que esa pregunta era innecesaria, puesto que él pudo contestarse a sí mismo. Sin embargo, hizo otra pregunta diciendo: "¿Quién es mi prójimo?"

Nuevamente Cristo rehusó entrar en controversia. Contestó la pregunta relatando un caso cuyo recuerdo estaba fresco en la memoria de sus oyentes. "Un hombre descendía de Jerusalén a Jericó, y cayó en manos de ladrones, los cuales le despojaron; e hiriéndole, se fueron, dejándole medio muerto".

Viajando de Jerusalén a Jericó, el viajero tenía que pasar por una sección del desierto de Judea. El camino conducía a una hondonada desierta y rocosa que estaba infestada de bandidos, y que a menudo era escenario de actos de violencia. Fue allí donde el viajero resultó atacado, despojado de cuanto de valor llevaba y dejado medio muerto a la vera del camino. Mientras yacía en esa condición, pasó por el sendero un sacerdote; vio al hombre tirado, herido y magullado, revolcándose en su propia sangre, pero lo dejó sin prestarle ninguna ayuda. "Pasó de largo". Entonces apareció un levita. Curioso de saber lo que había ocurrido, se detuvo y observó al hombre que sufría. Estaba convencido de lo que debía hacer, pero no era un deber agradable. Deseó no haber venido por ese camino, de manera que no hubiese visto al hombre herido. Se persuadió a sí mismo de que el caso no le concernía, y él también "pasó de largo".

Pero un samaritano, viajando por el mismo camino, vio al que sufría, e hizo la obra que los otros habían rehusado. Con amabilidad y bondad ministró al hombre herido. "Viéndole, fue movido a misericordia; y acercándose, vendó sus heridas, echándoles aceite y vino; y poniéndole en su cabalgadura, lo llevó al mesón, y cuidó de él. Otro día al partir, sacó dos denarios, y los dio al mesonero, y le dijo: Cuídamele, y todo lo que gastes de más, yo te lo pagaré cuando regrese". Tanto el sacerdote como el levita profesaban piedad, pero el samaritano mostró que él estaba verdaderamente convertido. No era más agradable para él hacer la obra que para el sacerdote y el levita, pero por el espíritu y por las obras demostró que estaba en armonía con Dios.

Al dar esta lección, Cristo presentó los principios de la ley de una manera directa y enérgica, mostrando a sus oyentes que habían descuidado el cumplir esos principios. Sus palabras eran tan definidas y al punto, que los que escuchaban no pudieron encontrar ocasión de cavilar. El doctor de la ley no encontró en la lección nada que pudiera criticar. Desapareció su prejuicio con respecto a Cristo. Pero no pudo vencer su antipatía nacional lo suficiente como para mencionar por nombre al samaritano. Cuando Cristo le preguntó: "¿Quién, pues, de estos tres te parece que fue el prójimo del que cayó en manos de los ladrones? —contestó—: El que usó de misericordia con él".

"Entonces Jesús le dijo: Ve, y haz tú lo mismo". Muestra la misma tierna bondad hacia aquellos que se hallan en necesidad. Así darás evidencia de que guardas toda la ley.

La gran diferencia que había entre los judíos y los samaritanos se relacionaba con ciertas creencias religiosas, respecto a qué constituye el verdadero culto. Los fariseos no acostumbraban decir nada bueno de los samaritanos, sino que echaban sobre ellos sus más amargas maldiciones. Tan fuerte era la antipatía entre los judíos y los samaritanos, que a la mujer samaritana le pareció una cosa extraña que Cristo le pidiera de beber. "¿Cómo tú —le dijo—, siendo judío, me pides a mí de beber, que soy mujer samaritana?" "Porque —añade el evangelista— judíos y samaritanos no se tratan entre sí".[1] Y cuando los judíos estaban tan llenos de odio asesino contra Cristo que se levantaron en el templo para apedrearlo, no pudieron encontrar mejores palabras para expresar su odio que: "¿No decimos bien nosotros, que tú eres samaritano, y que tienes demonio?"[2] Sin embargo el sacerdote y el levita descuidaron la misma obra que el Señor les había ordenado, dejando que el odiado y despreciado samaritano ministrara a uno de sus compatriotas.

El samaritano había cumplido el mandamiento: "Amarás a tu prójimo como a ti mismo", mostrando así que era más justo que aquellos por los cuales era denunciado. A riesgo de su propia vida, había tratado al herido como hermano suyo. El samaritano representa a Cristo. Nuestro Salvador manifestó por nosotros un amor que el amor del hombre nunca puede igualar. Cuando estábamos heridos y desfallecientes, tuvo piedad de nosotros. No se apartó de nosotros por otro camino, y nos abandonó impotentes y sin esperanza, a la muerte. No permaneció en su santo y feliz hogar, donde era amado por todas las huestes celestiales. Contempló nuestra dolorosa necesidad, se hizo cargo de nuestro caso, identificó sus intereses con los de la humanidad. Murió para salvar a sus enemigos. Oró por sus asesinos. Señalando su propio ejemplo, dice a sus seguidores: "Esto os mando: Que os améis unos a otros", "como yo os he amado, que también os améis unos a otros".[3]

El sacerdote y el levita habían ido a adorar al templo cuyo servicio fue indicado por Dios mismo. El participar en ese servicio era un noble y exaltado privilegio, y el sacerdote y el levita creyeron que, habiendo sido así honrados, no les correspondía ministrar a un hombre anónimo que sufría a la orilla del camino. Así descuidaron la especial oportunidad que Dios les había ofrecido como agentes suyos, de bendecir a sus semejantes.

Muchos están cometiendo hoy un error similar. Dividen sus deberes en dos clases distintas. La primera clase abarca las grandes cosas, que han de ser reguladas por la ley de Dios; la otra clase se compone de las cosas llamadas pequeñas, en las cuales se ignora el mandamiento: "Amarás a tu prójimo como a ti mismo". Esta esfera de actividad se deja librada al capricho, y se sujeta a la inclinación o al impulso. Así el carácter se malogra y la religión de Cristo es mal interpretada.

Existen personas que piensan que es degradante para su dignidad ministrar a la humanidad que sufre. Muchos miran con indiferencia y desprecio a aquellos que han permitido que el templo del alma yaciera en ruinas. Otros descuidan a los pobres por diversos motivos. Están trabajando, como creen, en la causa de Cristo, tratando de llevar a cabo alguna empresa digna. Creen que están haciendo una gran obra, y no pueden detenerse a mirar los menesteres del necesitado y afligido. Al promover el avance de su supuesta gran obra, pueden hasta oprimir a los pobres. Pueden colocarlos en duras y difíciles circunstancias, privarlos de sus derechos o descuidar sus necesidades. Sin embargo, creen que todo eso es justificable porque están, según piensan, promoviendo la causa de Cristo.

Muchos permitirán que un hermano o vecino luche sin ayuda bajo adversas circunstancias. Por cuanto profesan ser cristianos, puede éste ser inducido a pensar que ellos, en su frío egoísmo, están representando a Cristo. Debido a que los profesos siervos de Dios no cooperan con él, el amor de Dios, que debería fluir de ellos, es en gran medida negado a sus semejantes. Y se impide que una gran corriente de alabanza y acción de gracias ascienda a Dios de los labios y corazones humanos. Se lo despoja de la gloria debida a su santo nombre. Se lo priva de las almas por las cuales Cristo murió, almas a quienes anhela llevar a su reino, para vivir en su presencia a través de las edades infinitas.

La verdad divina ejerce poca influencia sobre el mundo, cuando debiera ejercer mucha influencia por nuestra práctica. Abunda la mera profesión de religión, pero ésta tiene poco peso. Podemos aseverar ser seguidores de Cristo, podemos afirmar que creemos toda la verdad de la Palabra de Dios; pero esto no beneficiará a nuestro prójimo a menos que nuestra creencia sea manifestada en nuestra vida diaria. Lo que profesamos puede ser tan sublime como el cielo, pero no nos salvará a nosotros ni a nuestros semejantes a menos que seamos cristianos. Un ejemplo correcto hará más para beneficiar al mundo que todo lo que profesemos.

Ninguna práctica egoísta puede servir a la causa de Cristo. Su causa es la causa de los oprimidos y de los pobres. En el corazón de los que profesan seguirle, se necesita la tierna simpatía de Cristo, un amor más profundo por aquellos a quienes estimó tanto que dio su propia vida para salvarlos. Estas almas son preciosas, infinitamente más preciosas que cualquier otra ofrenda que podamos llevar a Dios. El dedicar toda energía a alguna obra aparentemente grande, mientras descuidamos a los menesterosos y apartamos al extranjero de su derecho, no es un servicio que reciba su aprobación.

La santificación del alma por la obra del

EL ENSEÑO AMOR

Espíritu Santo es la implantación de la naturaleza de Cristo en la humanidad. La religión del Evangelio es Cristo en la vida: un principio vivo y activo. Es la gracia de Cristo revelada en el carácter y desarrollada en las buenas obras. Los principios del Evangelio no pueden separarse de ninguna fase de la vida práctica. Todo aspecto de la vida y de la labor cristiana debe ser una representación de la vida de Cristo.

El amor es la base de la piedad. Cualquiera que sea la profesión que se haga, nadie tiene amor puro para con Dios a menos que tenga amor abnegado para con su hermano. Pero nunca podemos entrar en posesión de este espíritu *tratando* de amar a otros. Lo que se necesita es que esté el amor de Cristo en el corazón. Cuando el yo está sumergido en Cristo, el amor brota espontáneamente. La plenitud del carácter cristiano se alcanza cuando el impulso de ayudar y beneficiar a otros brota constantemente de adentro, cuando la luz del cielo llena el corazón y se revela en el semblante.

Es imposible que el corazón en el cual Cristo mora esté desprovisto de amor. Si amamos a Dios porque él nos amó primero, amaremos a todos aquellos por quienes Cristo murió. No podemos llegar a estar en contacto con la Divinidad sin estar en contacto con la humanidad; porque en Aquel que está sentado sobre el trono del universo, se combinan la divinidad y la humanidad. Relacionados con Cristo, estamos relacionados con nuestros semejantes por los áureos eslabones de la cadena del amor. Entonces la piedad y la compasión de Cristo se manifestarán en nuestra vida. No esperaremos a que se nos traigan los menesterosos e infortunados. No necesitaremos que se nos suplique para sentir las desgracias ajenas. Será para nosotros tan natural ministrar a los menesterosos y dolientes como lo fue para Cristo andar haciendo bienes.

Siempre que haya un impulso de amor y simpatía, siempre que el corazón anhele beneficiar y elevar a otros, se revela la obra del Espíritu Santo de Dios. En las profundidades del paganismo, hombres que no tenían conocimiento de la ley escrita de Dios, que nunca oyeron el nombre de Cristo, han sido bondadosos para con sus siervos, protegiéndolos con peligro de sus propias vidas. Sus actos demuestran la obra de un poder divino. El Espíritu Santo ha implantado la gracia de Cristo en el corazón del salvaje, despertando sus simpatías que son contrarias a su naturaleza y a su educación. La luz que "alumbra a todo hombre",[4] está resplandeciendo en su alma; si presta atención a esta luz, ella guiará sus pies al reino de Dios.

La gloria del cielo consiste en elevar a los caídos, consolar a los angustiados. Siempre que Cristo more en el corazón humano, se revelará de la misma manera. Siempre que actúe, la religión de Cristo beneficiará. Donde quiera que obre, habrá alegría.

Dios no reconoce ninguna distinción por causa de la nacionalidad, la raza o la casta. Es el Hacedor de toda la humanidad. Todos los hombres son una familia por la creación, y todos son uno por la redención. Cristo vino para demoler todo muro de separación, para abrir todo departamento del templo, para que cada alma pudiese tener libre acceso a Dios. Su amor es tan amplio, tan profundo, tan completo, que penetra por doquiera. Libra de la influencia de Satanás a las pobres almas que han sido seducidas por sus engaños. Las coloca al alcance del trono de Dios, el trono circuido por el arco de la promesa.

En Cristo no hay ni judío ni griego, ni esclavo ni libre. Todos son atraídos por su preciosa sangre.[5]

90

Cualquiera que sea la diferencia de creencia religiosa, el llamamiento de la humanidad doliente debe ser oído y contestado. Donde existe amargura de sentimiento por causa de la diferencia de la religión, puede hacerse mucho bien mediante el servicio personal. El ministerio amante quebrantará el prejuicio, y ganará las almas para Dios.

Debemos anticiparnos a las tristezas, las dificultades y angustias de los demás. Debemos participar de los goces y cuidados tanto de los encumbrados como de los humildes, de los ricos como de los pobres. "De gracia recibisteis —dice Cristo—, dad de gracia".[6] En nuestro derredor hay pobres almas en medio de pruebas que necesitan palabras de simpatía y acciones serviciales. Hay viudas que necesitan simpatía y ayuda. Hay huérfanos a quienes Cristo ha puesto a cargo de sus servidores para que los reciban como una custodia de Dios. Demasiado a menudo se los pasa por alto con negligencia. Pueden ser andrajosos, toscos, y aparentemente sin atractivo alguno; pero son propiedad de Dios. Han sido comprados por precio, y a la vista de Dios son tan preciosos como nosotros. Son miembros de la gran familia de Dios, y los cristianos como mayordomos suyos, son responsables por ellos. "Sus almas —dice—, demandaré de tu mano".

El pecado es el mayor de todos los males, y nos incumbe compadecernos del pecador y ayudarlo. Pero no todos pueden ser alcanzados de la misma manera. Hay muchos que ocultan el hambre de su alma. Les ayudaría grandemente una palabra tierna o un recuerdo bondadoso. Hay otros que están en la mayor necesidad y, sin embargo, no lo saben. No se percatan de la terrible indigencia de su alma. Hay multitudes tan hundidas en el pecado que han perdido el sentido de las realidades eternas, han perdido la semejanza con Dios, y apenas saben si tienen almas que salvar o no. No tienen fe en Dios ni confianza en el hombre. Muchas de estas personas pueden ser alcanzadas únicamente por actos de bondad desinteresada. Hay que atender primero sus necesidades físicas: alimentarlas, limpiarlas y vestirlas decentemente. Al ver la evidencia de vuestro amor abnegado, les será más fácil creer en el amor de Cristo.

Hay muchos que yerran, y que sienten su vergüenza e insensatez. Miran sus faltas y errores hasta ser arrastrados casi a la desesperación. No debemos descuidar a estas almas. Cuando uno tiene que nadar contra la corriente, toda la fuerza de ésta lo rechaza. Extiéndasele una mano auxiliadora como se extendió la mano del Hermano Mayor hacia Pedro cuando se hundía. Diríjansele palabras llenas de esperanza, palabras que establezcan la confianza y despierten en ellos el amor.

Tu hermano, enfermo de espíritu, te necesita, como tú mismo necesitaste el amor de un hermano. Necesita la experiencia de uno que ha sido tan débil como él, de uno que pueda simpatizar con él y ayudarle. El conocimiento de nuestra propia debilidad debe ayudarnos a auxiliar a otros en su amarga necesidad. Nunca debemos pasar por alto un alma que sufre sin tratar de impartirle el consuelo con que somos nosotros consolados de Dios.

Es la comunión con Cristo, el contacto personal con un Salvador vivo, lo que habilita la mente, el corazón y el alma para triunfar sobre la naturaleza inferior. Háblese al errante de una mano todopoderosa que lo sostendrá, de una humanidad infinita en Cristo que lo compadece. No le basta a él creer en la ley y la fuerza, cosas que no tienen compasión, ni oyen el pedido de su ayuda. Necesita asir una

mano cálida, confiar en un corazón lleno de ternura. Mantened su mente fija en el pensamiento de una presencia divina que está siempre a su lado, que siempre lo mira con amor compasivo. Invitadlo a pensar en el corazón de un Padre que siempre se entristece por el pecado, en la mano de un Padre que está todavía extendida, en la voz de un Padre que dice: "¿O forzará alguien mi fortaleza? Haga conmigo paz; sí, haga paz conmigo".[7]

Cuando os dedicáis a esta obra, tenéis compañeros invisibles para los ojos humanos. Los ángeles del cielo estaban al lado del samaritano que atendió al extranjero herido. Y están al lado de todos aquellos que prestan servicio a Dios ministrando a sus semejantes. Y tenéis la cooperación de Cristo mismo. El es el restaurador, y mientras trabajéis bajo su dirección, veréis grandes resultados.

De nuestra fidelidad en esta obra, no sólo depende el bienestar de otros, sino nuestro propio destino eterno. Cristo está tratando de elevar a todos aquellos que quieran ser elevados a un compañerismo consigo, para que podamos ser uno con él,

como él es uno con el Padre. Nos permite llegar a relacionarnos con el sufrimiento y la calamidad a fin de sacarnos de nuestro egoísmo; trata de desarrollar en nosotros los atributos de su carácter: la compasión, la ternura y el amor. Aceptando esta obra de ministración, nos colocamos en su escuela, a fin de ser hechos idóneos para las cortes de Dios. Rechazándola, rechazamos su instrucción y elegimos la eterna separación de su presencia.

"Si guardares mi ordenanza —declara el Señor—,... entre éstos que aquí están te daré lugar",[8] aun entre los ángeles que rodean su trono. Cooperando con los seres celestiales en su obra en la tierra, nos estamos preparando para su compañía en el cielo. Los "espíritus ministradores, enviados para servicio a favor de los que serán herederos de la salvación",[9] los ángeles del cielo, darán la bienvenida a aquel que en la tierra vivió no "para ser servido, sino para servir".[10] En esta compañía bienaventurada aprenderemos, para nuestro gozo eterno, todo lo que encierra la pregunta: "¿Quién es mi prójimo?"

1. S. Juan 4:9.
2. S. Juan 8:48.
3. S. Juan 15:17; 13:34.
4. S. Juan 1:9.
5. Gálatas 3:28; Efesios 2:13.
6. S. Mateo 10:8.
7. Isaías 27:5.
8. Zacarías 3:7.
9. Hebreos 1:14.
10. S. Mateo 20:28.

El Deseado de Todas las Gentes

Este libro escrito por Elena G. de White acerca de la vida de Cristo, es el que más se ha vendido. Es la biografía más espiritual y completa de la vida de Cristo desde que se escribió el Evangelio según el apóstol San Juan. En este libro Cristo se destaca, no como una figura histórica, sino como el gran Personaje divino-humano que vino al mundo como mediador de paz entre Dios y el hombre. Un libro excelente para la persona que ha leído el libro EL ENSEÑO AMOR. De tapa dura, a todo color.

Salud por la Nutrición— Juego de 4 tomos

Enciclopedia de salud con explicación detallada en cuanto a los minerales, vitaminas, etc., que contiene cada verdura y cada fruta. Incluye recetas, consejos dietéticos y explicación de los perjuicios por causa de la alimentación equivocada. Con las más hermosas ilustraciones que usted haya visto. Un verdadero tesoro de conocimiento para usted y su familia. Tapa dura, a todo color.

Mis Amigos de la Biblia

Para niños de edad preescolar

Imagínese la alegría de su niño cuando usted le lea la encantadora historia del burrito que llevó a la cansada María cuesta arriba hacia Belén; o la de Zaqueo, el engañador, que se subió a un árbol de sicómoro para ver pasar a Jesús. Cada libro contiene cuatro historias de la Biblia que le encantarán a sus niños ya que están escritas en forma clara, sencilla y fácil de entender. Las ilustraciones a todo color son nítidas y de la más alta calidad posible. Ningún otro juego de libros para niños los supera. En tapa dura, a todo color, cinco tomos.

Felices para Siempre

Un libro de inestimable valor para los jóvenes que están pensando en casarse. Los consejos e ideas también servirán de mucho a las parejas que han estado casados por algunos años, así como al matrimonio que está en serias dificultades. En forma amena y sencilla, la autora, Nancy Van Pelt, discute soluciones y contesta preguntas que muchas personas no se atreven a hacerle ni a sus mejores amigos. Tapa dura, a todo color.

Ocho Recursos Para Vivir Sano y Feliz

En este libro se revelan los recursos básicos para la salud del cuerpo y la recuperación de la enfermedad. Cada uno de ellos está respaldado por la lógica y el sentido común. Tanto así que usted se preguntará a sí mismo por qué no se le había ocurrido hacerlo antes. Cubierta a la rústica, a todo color.

Las Bellas Historias de la Biblia

Para niños de edad escolar

Esta es la colección de 10 tomos más completa y verídica acerca de la Biblia que está disponible. Tiene más de 400 historias bíblicas y láminas a colores en casi cada página. A diferencia de la televisión, usted estará orgulloso de que sus hijos imiten a los héroes que se describen en sus páginas. Cada libro es una herramienta en las manos de cada padre y madre para enseñar a sus hijos a hacer decisiones sabias y duraderas.
En tapa dura, a todo color.

El Enseñó Amor

Mientras más de cerca estudiamos las parábolas de Jesús, más claro vemos y entendemos nuestra relación con nuestro Padre celestial. Descubra el mensaje que Jesús tiene para nosotros al relatar la parábola de la semilla de mostaza o del mayordomo infiel. En este libro se encuentra una selección de 12 capítulos del libro *Palabras de vida del gran Maestro*.

Aunque se hayan leído las parábolas una y otra vez, en este libro encontrará nuevos conceptos que le llenarán su corazón de inspiración. Cubierta a la rústica, a todo color.

SÍ,
por favor envíenme información sobre lo siguiente:

☐ LAS MEJORES HISTORIAS PARA LOS NIÑOS
☐ LAS BELLAS HISTORIAS DE LA BIBLIA
☐ CUÉNTAME UNA HISTORIA
☐ DVD QUIGLEY BÍLINGÜE

Nombre _____

Direccíon _____

Ciudad _____

Estado _____

Código Postal _____

Teléfono (_____) _____

SÍ,
por favor envíenme información sobre lo siguiente:

☐ LAS MEJORES HISTORIAS PARA LOS NIÑOS
☐ LAS BELLAS HISTORIAS DE LA BIBLIA
☐ CUÉNTAME UNA HISTORIA
☐ DVD QUIGLEY BÍLINGÜE

Nombre _____

Direccíon _____

Ciudad _____

Estado _____

Código Postal _____

Teléfono (_____) _____

BUSINESS REPLY MAIL

FIRST-CLASS MAIL   PERMIT NO. 300   NAMPA ID

POSTAGE WILL BE PAID BY ADDRESSEE

PACIFIC PRESS® PUBLISHING ASSOCIATION
MARKETING SERVICE
PO BOX 5353
NAMPA ID 83653-9903

BUSINESS REPLY MAIL

FIRST-CLASS MAIL   PERMIT NO. 300   NAMPA ID

POSTAGE WILL BE PAID BY ADDRESSEE

PACIFIC PRESS® PUBLISHING ASSOCIATION
MARKETING SERVICE
PO BOX 5353
NAMPA ID 83653-9903